Sophie Ekoué

LE LABO
du bonheur

Le Hakuna Matata en famille

Illustrations : Carole Xénard

Hatier

Ancienne journaliste à TV5 Monde Africa N1, **Sophie Ekoué** a animé pendant près de 20 ans sur Radio France internationale des magazines de société, des reportages culturels et le magazine littéraire hebdomadaire *Littérature sans frontières*.

Formatrice en radio, elle travaille sur le leadership des femmes dans la presse et les médias en Afrique occidentale et anime également des rencontres littéraires pour de nombreux festivals de littérature, notamment *Étonnants voyageurs* de Saint-Malo.

Pour combattre les clichés sur l'absence de sophistication des cultures et pensées africaines, Sophie Ekoué va chercher ses armes dans la littérature, les sagesses et philosophies millénaires des peuples d'Afrique, en s'appuyant aussi bien sur la pensée mystique et religieuse que sur un imaginaire du quotidien. Ses livres, riches en références et témoignages, montrent que la cuisine, la musique ou même l'attribution des noms rendent compte d'une véritable complexité de la pensée africaine, au même titre que les grandes civilisations du monde. Son obsession : que des livres pour l'Afrique fassent partie du monde.

DE LA MÊME AUTEURE :

Baguette magique *Cauris* ; **Cuisines et traditions recettes d'Afrique** *Cauris* ; **Aux noms de la vie**, *Afromundi* ; **Sagesses d'Afrique** *Hachette*.

Direction : Rachel Duc
Responsable éditoriale : Caroline Terral
Directeur artistique : Nicolas Vallet
Illustrations : Carole Xénard
Couverture, graphisme et mise en page : SKGD-Création
Chef de studio : Karine Alary
Fabrication : Cécile Labarthe

Sommaire

Hakuna Matata, un outil de développement personnel

Hakuna Matata ! Six notes magiques devenues aussi célèbres que celles de la 5e symphonie de Beethoven. Tenez, fredonnez le refrain quelques secondes et vous verrez, l'air vous gagne pour toute la journée ! Il tourne en boucle dans la tête, revient sans cesse dans la bouche et rend automatiquement joyeux. Entraînante et entêtante, cette mélodie ne vous quittera plus ! C'est le Dieu Credo qui aide à ne voir que les bons côtés des choses.
Vous pensiez que cette phrase, entendue dans le dessin animé *Le Roi Lion**, vient de la fameuse chanson composée par Elton John, sur des paroles de Tim Rice, et interprétée par Jimmy Cliff ? Eh non, il n'en est rien ! *Hakuna Matata* est une expression née sur le continent africain. Ces mots et la pensée qu'ils renferment sont très puissants pour qui s'en saisit. Car il s'agit bien d'un mantra stoïcien qui peut aider à vivre heureux. Dans une situation inextricable, prononcez ces deux mots et hop ! le souci disparaît ! Le cœur s'apaise, l'espoir jaillit et les solutions se dessinent. Si, dans ce célèbre Disney, cette philosophie change le cours de l'existence d'un petit lion, alors, elle peut nous changer la vie à nous aussi humains. Mais avant, il faut en connaître son origine et sa signification.

VOIR LE BON CÔTÉ DES CHOSES, ÊTRE DU BON CÔTÉ DE LA VIE

Hakuna Matata signifie « Pas de problème, tout va bien » en kiswahili. Pour faire un raccourci, on peut dire aisément que c'est une version moderne du *Carpe Diem* d'Horace, inspiré par l'épicurisme et par le stoïcisme. Il est également beaucoup utilisé en anglais du Kenya et de Tanzanie pour signifier « tout va bien », « pas de problème » ou « ça marche ». Dans la langue kiswahili plus classique, on emploie d'autres formes plus évoluées : *hamnashida* ou *hamnatabu* selon les régions. Il s'agirait en réalité d'une devise ancienne, *MatatizoHakuna* signifiant « il n'y a pas de problème ». Ailleurs, sur le continent africain, on dit *Kosiwahala* en Yoruba par exemple. Si le mot est en kiswahili, langue véhiculaire de l'Afrique de l'Est, la philosophie est tout entière africaine et relève de traditions anciennes universelles. « Cueille le jour présent sans te soucier du lendemain », disait Horace ; il y a bien là une dimension philosophique qu'on peut attribuer à *Hakuna Matata*.

** © Disney. Chanson tirée de la bande originale du film* Le Roi Lion*, sorti en 1994. Album publié par Walt Disney Records ; partition orchestrale composée par Hans Zimmer et chansons écrites par Elton John et Tim Rice.*

Dans la plupart des peuples d'Afrique, la spiritualité peut se traduire par ces lignes directrices : vaincre ses peurs, rester relié, ne pas créer de divisions en soi et autour de soi, tirer parti des épreuves, faire l'expérience de ce qui est. L'homme doit mettre en adéquation ses mots et ses actes pour éviter les dissonances et les antagonismes, sources de déséquilibre personnel et relationnel. Actes et mots doivent être « jumeaux », doivent aller de pair comme disent les Maasaï. Aucune différence entre le dire et le faire chez ces peuples qui savent, par expérience, que cette cohérence est la garantie de relations saines et durables.

La connaissance passe par la connaissance de soi

Un des grands mystiques africains, Tierno Bokar, le sage de Bandiagara, maître de l'historien et conteur Amadou Hampaté Bâ, indique le chemin de la vie à son élève en ces termes : « Ton devoir est de chercher quelle est ton existence réelle. Qui es-tu ? D'où viens-tu ? Pourquoi as-tu été créé ? En quoi consiste ton malheur ? En quoi consiste ton bonheur ? »

- **Pour répondre à ces questions, il faut détenir la connaissance de soi, une connaissance qui passe par le savoir. Le savoir, c'est la conscience que nous avons sur l'environnement, la nature, les choses. C'est la première étape de la connaissance.**
- **La deuxième étape est la mise en relation entre ce savoir ou connaissance extérieure et ce que l'être a de profond en lui, qui permet de construire la conscience intérieure. Ainsi, la connaissance n'est pas seulement la connaissance du monde extérieur, du concret, du palpable, du visible. C'est aussi la connaissance du monde intérieur : l'intérieur de l'être, le monde de l'invisible. Se connaître soi-même est une grande chose : c'est le commencement de la personnalité.**

Au plus profond de chaque âme réside la connaissance. Souvent endormis et comme recouverts de voiles, c'est l'intelligence profonde et l'instinct spirituel, qui vont nous permettre de distinguer la vérité de l'erreur, puis de progresser dans la voie du retour. Il s'agit là d'un processus que connaît Simba, le petit lion, et qu'il va éprouver grâce à son ami Pumbaa le phacochère. Dans les enseignements de Tierno Bokar, le métier à tisser est là pour nous le rappeler. Le mouvement de la navette exprime le mouvement du monde.

LA PAROLE AGISSANTE AU PROFIT DES ENFANTS ET DE LA FAMILLE

Dans les traditions orales, les incantations-jeux de mots sont des sentences prononcées lors d'actes solennels, transmis de génération en génération, de maître à disciple, de père à fils, de mère à fille. Elles se basent sur un fond culturel, comme sur un raisonnement pratique. Elles expriment le point de vue philosophique de la culture d'un peuple. Cette connaissance, transmise oralement, a la valeur d'une véritable initiation par la parole agissante. Ainsi, vous pouvez initier vos enfants à ce rituel en tricotant avec eux des formules porte-bonheur qui feront office de véritables talismans à brandir en cas de difficultés au quotidien. Ces phrases sont de véritables prières laïques.

Les pouvoirs magiques de *Hakuna Matata*

Les mots peuvent avoir une puissance proche de l'effet d'une formule magique ! Une formule magique est un mot, une phrase ou un texte qui, une fois lu ou prononcé, est censé produire un effet inhabituel. Elle doit permettre de réaliser l'irréalisable en faisant appel à des forces surnaturelles représentées par un dieu, des dieux. Le pouvoir incantatoire de la parole, les citations ou proverbes ont un pouvoir extraordinaire sur notre mental. Certains nous fascinent par la justesse et l'élégance de leur formulation. C'est le cas de *Hakuna Matata*. Sa musicalité est d'un accord parfait ! Les enfants y sont particulièrement sensibles, alors autant en profiter pour les aider à dépasser les soucis du quotidien.

Hakuna Matata est un concentré de motivation en quelques mots. Il dit : « Tu vivras ta vie ». Quel beau message pour les enfants d'aujourd'hui souvent perclus de doutes dans un monde où ils sont de plus en plus sollicités, responsabilisés et étiquetés.

Une formule particulièrement adaptée aux enfants

Les ouvrages de pédagogie positive ne cessent de le répéter : l'enfant a besoin d'encouragements pour progresser. Dans un contexte où l'éducation se veut de plus en plus bienveillante, on observe souvent que les enfants manquent de confiance en eux. Même si nous avons l'impression que cela va de soi, la confiance en soi se construit pas à pas. Il y a des enfants qui, selon leur tempérament, vont se dévaloriser et se sentir moins à la hauteur que leurs camarades ou leurs frères et sœurs. Ils se fient davantage au regard des autres qu'en leur propre jugement. De là, naît une souffrance, un manque de confiance en soi, tout simplement parce qu'ils n'ont pas encore expérimenté la faculté d'être eux-mêmes. Heureusement, rien n'est figé et nous pouvons faire beaucoup

en tant que parent, en les observant, en les écoutant et en les accompagnant. Il faut bien comprendre que cette nouvelle génération d'enfants, si éveillée soit-elle, vit au-delà du cadre familial, dans un monde en pleine mutation. Ils entendent parler du chômage, de l'avenir, de l'actualité… Aussi, un retour à la sagesse des anciens, prônant des valeurs optimistes, de simplicité et de bienveillance avec soi-même et les autres, ne pourra qu'aider votre enfant. Ainsi, en lui apprenant à se défaire de la peur de l'échec, en lui réinsufflant sa part d'optimisme naturelle, vous l'aiderez à dépasser ses craintes et à mieux aborder les défis qui l'attendent.

COMMENT EXPÉRIMENTER *HAKUNA MATATA*

Hakuna Matata est utile au quotidien pour les petits et les grands. Voici une liste des grands préceptes de vie qui se cachent derrière le *Hakuna Matata* et que nous pouvons mettre chacun en pratique, de manière individuelle mais surtout dans notre vie familiale. Vous verrez, en s'efforçant au quotidien de les mettre en application, la vie vous paraîtra plus douce et vous pourrez accueillir les événements du quotidien avec plus de… philosophie !
Les enseignements maasaï rapportés en Occident grâce aux écrits de l'anthropologue français Xavier Péron ne vous transformeront pas en un parfait Maasaï en quelques leçons. « Le bois a beau séjourner dans le marigot, il ne deviendra jamais caïman », dit un proverbe africain. Nous sommes différents des Maasaï, ici, en Europe mais, comme eux, nous cherchons à mener notre vie en douceur, en paix avec nous-mêmes, avec les autres, nos enfants, nos conjoints, nos parents, amis, voisins, collègues de travail…

Les six piliers de *Hakuna Matata*

Hakuna Matata est né sur les terres où habite le peuple mythique maasaï dont les préceptes ont traversé le temps et sont devenus un véritable mode de vie. Ils peuvent vous guider vous aussi dans une transformation de votre rapport au monde. Cette philosophie maasaï peut briser des chaînes intérieures invisibles qui empêchent de vivre réellement. On y entre simplement, sans initiation, ni préparation préalable, ni endoctrinement. Il faut vivre la réalité en faisant corps avec elle, tout en ayant conscience de ce que vous devez apporter en tant qu'individu et membre d'une collectivité pour maintenir l'équilibre et l'harmonie dans la grande chaîne de la vie. Il faut retenir que l'humain est avant tout un être relié : aux autres, à son environnement et à une force qui le dépasse.

1- Trouver son propre chemin, le « bon ordre »

Toutes les sagesses du monde l'enseignent : il ne faut jamais rien forcer dans la vie. Ce qui vous est destiné vous vient et arrive. Cette conception est difficile à entendre quand on est formé comme ici en Occident à se mesurer aux autres, à être en compétition dès l'école et encouragé à se battre pour obtenir les choses par nous-mêmes. Pourtant, il faudrait abandonner ce schéma de pensée, en commençant par éloigner la peur : peur de manquer, de ne pas posséder l'autre, de pas être aimé, peur du changement, peur de ce qui nous dépasse, etc. La première chose à faire est de se familiariser avec « la recherche du bon ordre ». C'est un état d'être qui s'apprend et se travaille tous les jours. Rechercher le bon ordre, nous dit Xavier Peron[**], c'est en tout premier lieu quitter les abstractions du mental, les a priori, les dogmes, les concepts intellectuels. Le « bon ordre » commence par l'acceptation de l'impermanence des choses. Les situations sont faites pour évoluer, rien n'est figé. Accepter les choses telles qu'elles se présentent, patienter, prendre du recul fait partie de cette recherche du bon ordre ; c'est se mettre sur le chemin de son destin.

2- Être dans la joie

La joie est un point de départ, pas un objectif. Elle est source de toute vie. La gratitude nourrit la joie, qui, à son tour, renforce le sentiment de gratitude. Se réjouir des petits riens, seul ou avec d'autres, mettre en lumière ce qui fonctionne, faire preuve d'humour, sont autant de pratiques qui entretiennent chaque jour la joie de vivre.

Être dans la joie, c'est également une forme de politesse à l'égard des autres, elle génère un confort relationnel dont chacun profite. Dans la pratique, nous ne sommes pas égaux face à la joie, nous naissons avec des dispositions différentes. Mais il est possible de modifier son regard sur la vie à n'importe quel âge. Observez, enregistrez ces faits qui vous sont offerts, et soyez-en reconnaissants intérieurement. À votre tour, sans rien attendre en échange, donnez du temps, des mots d'encouragement, un conseil à un tiers. La prise de conscience de ces belles choses vous permettra de mieux accepter une mauvaise nouvelle ou un désagrément. « Enserrez » un fait négatif entre des faits positifs, cela diminuera son ressenti et vous donnera une vision plus positive.

** Les 4 cercles Maasaï, *Xavier Peron, Editions Jouvence, 2015*

3- Accepter la dualité

« Chaque homme est sucré d'un côté, amer de l'autre », dit un dicton populaire en Afrique. La spiritualité africaine est fondée sur la croyance que toutes les choses sont reliées. L'interaction entre des contraires, la dualité font partie de la vie. Les paires d'éléments sont bien complémentaires, et nullement opposées. Il suffit d'observer l'ordre naturel pour se rendre compte que les contraires existent, sans être pour autant antagonistes : le jour succède à la nuit, la pluie à la sécheresse, et, en chaque être vivant, l'expiration à l'inspiration. Tout est duel, et en nous-mêmes également se succèdent des sentiments qui peuvent nous sembler contradictoires : la peur ou le courage face à une épreuve, des élans altruistes ou un repli sur soi. Refuser cette réalité ne pousse qu'à souffrir, à être en conflit avec soi-même et les autres. Il faudrait au contraire accepter notre dualité et comprendre que les contraires, au lieu de s'opposer, dépendent l'un de l'autre.

4- Accueillir la « souffrance-don »

Sans souffrance, pas d'éveil ! Tout est duel et l'on ne peut délier un problème qu'en le reconnaissant comme sien, puis en affrontant la difficulté pour la résoudre. Dans la pratique, visualisez d'abord vos émotions : ressentez-vous de la peur, de la colère, de l'abattement, l'envie de vous venger, de la tristesse ? Pour aller au-delà de ces émotions négatives, interrogez cette épreuve. Adressez-vous à elle en lui parlant en amie : que veut-elle vous dire ? Quelle est votre responsabilité ? Faut-il attendre, agir ? Dans quelle direction ? Notez toutes les réponses qui vous viennent, spontanément, sans les juger ni les rejeter.

5- Devenir un « planteur »

Concrètement, être planteur, c'est se mettre en phase avec le moment présent, s'adapter et se maintenir dans un état entre vigilance et confiance, volonté et humilité. Cette souplesse d'esprit est facteur de sérénité, de patience, et met à l'abri de la colère et de la déception. Les Maasaï disent « le passé est un pays où je n'habite plus ». Et vous, ici et maintenant, que ressentez-vous ? Que charriez-vous d'inutile et de pesant du passé ? Quelles projections vous empêchent de goûter à la saveur du présent ? Plantez un arbre, prenez soin d'une plante ; cela vous incitera aussi à vous recentrer sur l'ici et le maintenant.

6- Consentir à la vie

Il s'agit d'accueillir son être, dans sa globalité, avec ses qualités et ses défauts, les mouvements de l'être. Le consentement libère l'énergie pour affronter le cours des choses. Il permet d'accueillir les événements qui surviennent, tous les événements, qu'ils nous confortent ou nous déstabilisent, et ne laisser à chacun que la part qui lui revient. Il a de plus cette étrange vertu de créer de la liberté : en renonçant à tout maîtriser, on transfigure la vie ! Dire oui à sa vie, à toute la vie, c'est accepter tout son héritage, toutes les épreuves et les décisions que l'on regrette. C'est un mélange de plaisir, de gaieté et de lucidité. Comme le dit le philosophe français Martin Steffens : « Il fallait toute cette vie, si imparfaite soit-elle, pour être aujourd'hui celui qui dit oui à l'existence, parce que j'aime à dire que tout est bien, alors tout finit bien ! La parole de bénédiction, quand elle scelle une vie, nimbe toutes choses de sa plénitude[***] ».

L'Ubuntu, ou la gentillesse comme sentiment suprême

La gentillesse est l'ouverture sur un monde magique. Les mystiques disent que c'est l'essence de la vie céleste. Il apparaît de plus en plus évident aujourd'hui que cultiver un état d'esprit positif - comme on le fait en se montrant gentil et compatissant - est la clef d'une meilleure santé psychologique et du bonheur. On a souvent tendance à confondre gentillesse et faiblesse. Cette qualité, pourtant essentielle, n'est pas toujours reconnue à sa juste valeur. La gentillesse engendre la gentillesse. **L'Ubuntu**, sagesse africaine à dimension universelle, « je suis parce que nous sommes », peut se traduire par « gentillesse humaine ». Il s'agit d'un idéal qui incarne plus largement les idées de connexion, de communauté et d'entraide pour tous.

« **Je suis ce que je suis, parce que vous êtes ce que vous êtes** », ou d'une manière plus littérale « je suis ce que je suis grâce à ce que nous sommes tous ». L'idée d'Ubuntu est celle d'une incitation réciproque, d'un partage qui construit mutuellement les êtres. En clair, notre humanité est inextricablement liée à celle de l'autre. Elle s'oppose au narcissisme et à l'individualisme.

*** Petit traité de la joie ! Consentir à la vie, *Martin Steffens, Éditions Marabout, 2005*

Hakuna Matata : vivons le moment présent, engageons-nous du bon côté de la vie, soyons positifs. Si nous cessons de lutter contre ce qui ne dépend pas de nous et nous concentrons sur l'instant présent alors, nous pourrons éviter les troubles de l'âme. De fait, **ni le passé ni l'avenir ne sont en notre pouvoir, seul le présent dépend de nous**. Alors, concentrons-nous sur nous ! Inutile de ressasser le passé. Le passé est passé, il faut le dépasser.
Une profonde leçon à tirer de six syllabes, une formule magique qui peut conjurer le sort si nous savons l'utiliser pour rejeter ce qui perturbe et nous empêche d'être heureux. En adoptant cette philosophie comme une thérapeutique, vous pouvez discipliner et même transformer le regard que vous portez sur les choses. Voilà de belles valeurs que vous pouvez vous approprier et transmettre à vos enfants pour les aider à s'impliquer dans leur quotidien, tout en prenant la vie du bon côté.

Et maintenant, comment pouvez-vous aider votre entourage et plus particulièrement vos enfants à mettre en application cette belle philosophie ? Dans les pages qui suivent, vous allez découvrir un conte à lire à vos enfants pour éveiller leur intérêt, des jeux conçus comme des outils pour découvrir ensemble cette sagesse africaine et des dizaines d'astuces pour profiter en famille des bienfaits du Hakuna Matata.

Belle découverte !

À la recherche de la table des lois du bonheur

« Conte, conté, à conter
Es-tu véridique ?
Pour les bambins qui s'ébattent au clair de lune,
Mon conte est une histoire fantastique.
Pour les fileuses de coton pendant les longues nuits
De la saison froide, mon récit est un passe-temps délectable.
Pour les mentons velus et les talons rugueux,
c'est une véritable révélation.
Je suis à la fois futile, utile et instructeur.
*Déroule-le donc pour nous... » **

* Extrait de *Kaidara*, Hampaté Bâ

Il était une fois, antan lontan en Tanzanie, deux fillettes : *Elikia* (Espérance) et *Furaha* (Joie) deux amies inséparables comme l'arbre et l'écorce. Elles naquirent le même jour de la même année, presque à la même heure. Elles faisaient tout ensemble, mangeaient ensemble, jouaient ensemble, se promenaient ensemble et dormaient ensemble ! Elles étaient tellement inséparables qu'on les appelait « Jour et Nuit », certains disaient même « Lune et Soleil ». Leurs mères étaient tout aussi inséparables ! Leurs papas étaient éleveurs et s'occupaient ensemble du bétail. Ils partaient chaque jour avec leur troupeau dans les vastes vallées de pâturages luxuriantes.

Cette histoire se passe aux pieds du *Kilimandjaro, une montagne habitée par l'esprit du Dieu Unkulunkulu*. La tribu vivait là, paisiblement, et chacun entraidait l'autre dans la paix et dans l'harmonie. Elikia et Furaha, âgées de 12 ans, chérissaient leurs parents, leurs proches et leurs amis. Mais, plus que tout, elles avaient très envie de découvrir le monde et de percer ses mystères.

Un beau jour, les deux amies s'en allèrent trouver *Imanamana*, le sage de la tribu qui méditait sous un jujubier multi-centenaires. Intimidée, Elikia prit la parole :

« Grand sage, Furaha et moi sommes décidées à partir découvrir ce qu'il y a au-delà de notre *montagne sacrée*. Nous sommes désormais grandes. Peux-tu nous dire pourquoi cette montagne est sacrée pour notre tribu depuis la nuit des temps ?

– Après avoir créé le monde, murmura-t-il, Dieu s'est retiré et intervint peu dans les affaires humaines. Considéré comme d'essence trop pure, il ne prend aucune part active aux vicissitudes des êtres qu'il a créés. C'est pour toutes ces raisons que nous tournons toujours le visage en direction de la montagne lorsque nous prions, en *signe de respect*. »

Après avoir longuement fixé de ses yeux mi-clos les deux amies, Imanamana tourna son regard en direction de la montagne sacrée. Puis il racla sa gorge et poursuivit d'un ton grave et posé :

« Unkulunkulu est celui qui a tout créé, du ciel à la terre en passant par l'eau pour les hommes et les animaux. Il est considéré comme le tout premier homme ainsi que le père de l'ensemble des peuples de la Terre. Il a enseigné à nos ancêtres, à vos ancêtres, la manière de chasser, de faire du feu, ainsi que celle de faire pousser des aliments. Son nom signifie « Le Très Grand ». C'est lui qui *supporte la voûte céleste* et décide du *destin* de tous. Même les plus grands chamans ne peuvent échapper à sa volonté. C'est *le père des esprits* et celui qui fait *la loi sur la terre et par-delà les montagnes*.
– Si Unkulunkulu est le père, a-t-il des enfants ? demanda Furuha, intriguée.
– Oui, répondit Imanamana. Unkulunkulu a des enfants mais pas des enfants comme Elikia et toi. Ses fils sont des esprits. Voyez-vous des pics au sommet de la montagne sacrée ?
– Non, répondirent les deux amies, en scrutant l'horizon.
– Eh bien, reprit le vieux sage, c'est normal que vous ne voyiez rien. Pour avoir la chance d'apercevoir l'un de ces pics, il faut plusieurs heures d'escalade. On compte *cinq pics* et donc *cinq esprits majeurs* très chers à notre communauté. Ces cinq esprits correspondent aux *cinq lois qui constituent le socle du bonheur*.

– Grand sage, nous voulons nous aussi voir les fils d'Unkulunkulu ! Nous aussi, nous voulons découvrir les lois qui sont les conditions du bonheur ! s'écrièrent les deux fillettes.

– Je comprends, répondit Imanamana, j'ai pris le chemin des pics à peu près à votre âge. L'heure de *"la marche des anciens"* a sonné. Vous aussi, il vous faut partir pour voir de vos propres yeux les grands mythes de notre communauté et découvrir *les piliers de la table des lois du bonheur*. Je ne peux rien vous dire d'autres pour l'instant. Sachez seulement que lorsque vous arriverez au pied des pics, chacun vous délivrera son secret du bonheur. Tâchez de bien retenir les phrases qui vous seront confiées, mémorisez-les, car elles vous suivront toute votre vie. Que toutes ces expériences vous enseignent *l'art de la parole juste* car dire n'est pas tout dire. Dire, c'est choisir les mots, les verbes, le ton approprié à l'être ou aux êtres à qui l'on s'adresse. Alors, Elikia et Furaha, êtes-vous toujours prêtes pour "la marche des anciens" ?

– Oui, oui, Imanamana, répondirent-elles en chœur, tout en sentant poindre, sous un enthousiasme débordant, une petite peur de l'inconnu.

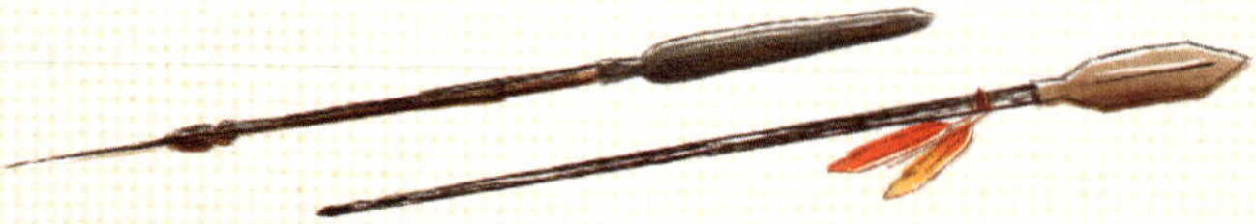

– Parfait ! reprit le vieux sage en approuvant de la tête. Je suis content de voir que vous êtes courageuses et déterminées. Mais avant de vous laisser partir, il me faut vous mettre en garde. Regardez au-dessus de votre tête. Que voyez-vous ?
– Le ciel, répondirent-elles.
– En effet, c'est le ciel. C'est le principe masculin et créateur qui représente *la force*. Ses colères sont imprévisibles, violentes, telles les tornades, la foudre et la tempête. C'est *le siège de la justice divine* et la demeure de nombreux dieux ainsi que des défunts. Le ciel et la terre sont à l'image du père et de la mère. *La Lune est la magicienne du temps* qui comptabilise les nuits, scande la vie de chacun. Elle est la grande organisatrice des phénomènes de marées, elle guide la migration des êtres sur terre comme sur l'eau. *Le Soleil, lui, est l'œil du Dieu-créateur*. Il est aussi considéré comme l'époux de la Lune. Astre du jour, il est variable dans sa puissance. Selon l'intensité de sa brûlure, il peut tuer ou vivifier. Prenez garde ; soyez humbles et courageuses pour ne pas vous attirer son courroux. »

Elikia et Furaha avaient la sensation d'avoir pris un véritable bain de sagesse. Imprégnées des paroles instructives du sage Imanamana, elles reprirent toutes deux le chemin de la maison et annoncèrent leur décision de partir pour « la marche des anciens » à leurs parents.

Ces derniers étaient à peine étonnés de la nouvelle. Eux-mêmes avaient effectué le *même parcours initiatique* à l'âge de leurs filles. Le soir, chacune des mères prépara un baluchon pour sa fille. Elles y glissèrent un bout de pain de maïs, de la viande séchée, une gourde en peau d'outre remplie d'eau de source et une feuille de cotonnier porte-bonheur.

Quand tout le monde fut couché, avant de fermer la porte de leur case, elles déposèrent une calebasse contenant un peu d'eau pure, juste à l'entrée. Dans les tribus d'Afrique, c'est ce qu'on appelle « *la petite eau de Dieu* ». Le créateur rend visite aux habitants de la maisonnée. Pour cela, comme aux origines de l'univers, il a besoin d'eau.

Malgré cette protection, nos aventurières eurent bien du mal à trouver le sommeil, cette nuit-là. Mille et une idées leur traversèrent l'esprit. Était-il bien raisonnable de s'aventurer seules, sans l'aide de leurs pères, dans la montagne sacrée ? Pour Furuha, la nuit fut longue et agitée. Au jour naissant, une voix inconnue lui susurra à l'oreille :
« Fillette, cette marche est une nouvelle naissance ; n'aie pas peur. Elle te fera passer de l'obscurité du sein maternelle à la clarté de la connaissance. »

Furuha se réveilla en sursaut, enfila la belle tunique bleue que sa maman lui avait préparée la veille et se précipita chez son inséparable Elikia.

« Il est l'heure d'y aller Elikia ! Les esprits dont parlait Imanamana hier nous attendent : j'ai reçu leur bénédiction en rêve, une voix m'a parlé. Allez, on y va ! Nous sommes prêtes pour recevoir *les secrets du bonheur !* »

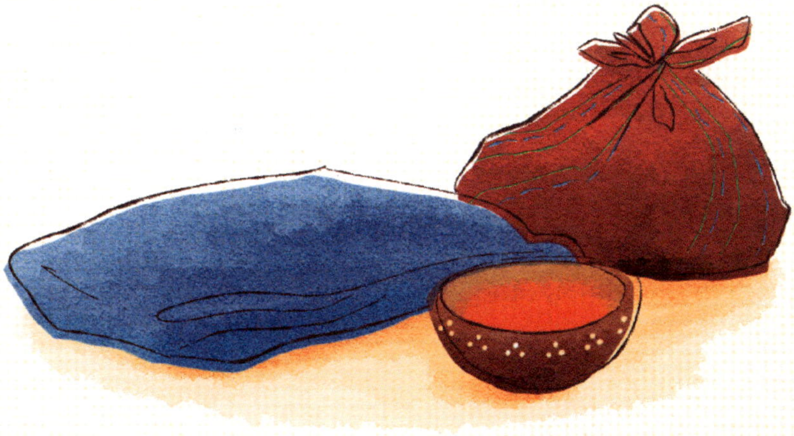

Fin du premier épisode

Les deux amis se mirent en route. Pour se donner *du cœur à l'ouvrage*, Furuha, qu'on appelait aussi le rossignol, entonna un chant de courage.

Mon merle a perdu une plume,
il ne chantera plus mon merle
il ne chantera plus...

Le chemin était long et le sentier ardu. L'enthousiasme de l'aube commençait à s'essouffler. *La marche était difficile et éprouvante.* Le soleil était à présent au-dessus de leurs têtes. Mais toujours aucun pic à l'horizon. Leurs jambes ne les tenaient plus.

Sans se concerter, elles se laissèrent tomber, tels des sacs de maïs, sur l'herbe dans une clairière. En silence, elles sortirent le morceau de pain et la viande séchée pour reprendre des forces. Furuha trouva que le pain qu'elle refusait de manger habituellement avait un goût exquis de miel. Ce repas frugal leur redonna des forces.

Au moment où elles s'apprêtaient à reprendre leur route, non loin de là, elles entendirent un bruissement dans un tas de feuilles mortes. Elles se retournèrent et aperçurent deux gros yeux globuleux rouges qui les observaient. C'était un caméléon. Quelle ne fut pas leur surprise lorsque ce dernier prit la parole !

« *Hakuna matata,* jeunes filles ! Je suis Makumba-kumba, gardien du premier pic. Avant moi, mon père assumait ce rôle, comme son père avant lui. »

Ouf ! Ça alors ! Sans le savoir, elles étaient arrivées au pied du premier pic. Makumba-kumba le caméléon répéta ces mots : *Hakuna matata !*

« *Hakuna matata* ? reprirent les jeunes amies.
– Oui et cela veut dire : n'ayez crainte, tout va bien ! Avant même que vous n'ayez pris le chemin de la montagne, nous le savions. Lorsque vous aurez un problème sur votre route, prononcez cette phrase et vous verrez ses pouvoirs se manifester. C'est la force de la parole agissante pour qui croit au pouvoir des mots, à la magie des formules. En tant que gardien du premier pic, je vois l'effort que vous avez fourni pour gravir la montagne sacrée. Alors, je vous délivre ***le premier secret du bonheur***. Écoutez bien, car je ne vais pas le répéter. Le secret de votre vie est de ***trouver votre propre chemin, le "bon ordre"***.
Le « bon ordre » commence par l'acceptation de l'impermanence des choses. Les situations sont faites pour évoluer, rien n'est figé.
Et face à cela, vous n'êtes pas figées non plus. Accepter les choses telles qu'elles se présentent, patienter, prendre du recul... tout cela fait partie de la recherche du bon ordre. ***C'est se mettre sur le chemin de son destin.*** Alors : bonne route ! »

Réfléchissant encore aux paroles de Makumba-kumba, Furuha et Elikia reprirent leur marche à travers la montagne, en se répétant intérieurement « Hakuna matata, Hakuna matata, Hakuna matata » lorsqu'elles croisaient un animal inconnu. Comme par magie, la peur disparaissait aussitôt !
Un peu plus tard, pour se reposer un peu, elles s'arrêtèrent, s'adossant à un sycomore, un très grand arbre dont les fruits, les figues, nourrissent les hommes et qui est l'objet de plusieurs légendes. Sur l'une de ses branches, se tenait un colibri qui aussitôt s'envola pour se poser sur la tête de Furuha.

« Comment t'appelles-tu ? demanda le colibri.

– Furuha, répondit-elle, à présent sûre d'elle.

Il faut dire qu'elle n'était plus du tout surprise d'entendre parler un animal…

– Furuha ? La joie ? Tiens, tiens… c'est ma philosophie à moi. Je chante tous les jours de toute ma vie. C'est mon secret du bonheur. Et c'est également ***le deuxième secret de la table des lois du bonheur. La joie est source de toute vie***, reprit le colibri. Se réjouir des petits riens, seul ou avec d'autres, mettre en lumière ce qui fonctionne, faire preuve d'humour sont autant de pratiques qui entretiennent chaque jour la joie de vivre. Être dans la joie procure un confort dont chacun profite. Moi, je chante tous les jours à chaque instant car cela procure du bien-être aux humains. Et, à leur tour, ils transmettent gratuitement cette joie à d'autres personnes. Tout cela forme une chaîne de gratitude. La prise de conscience de ces belles choses vous permettra de mieux accepter une mauvaise nouvelle ou un désagrément, même si cela ne fait jamais plaisir.
Ainsi va la vie dans la joie ! C'est ma chanson quotidienne dont le refrain est aussi *Hakuna matata* ! Bonne route les filles, il vous reste encore du chemin avant le coucher du soleil, alors je ne vous retarde pas plus longtemps. »

Après avoir remercié le colibri, les deux amies se remirent en route. De temps en temps, Elikia observait Furuha. Elle venait de comprendre pourquoi ses parents lui avaient donné ce prénom ; un beau présage qui venait de trouver toute son explication. Cette révélation leur avait redonné à toutes deux de l'énergie et elles se sentaient pleines d'allégresse.

Entre éclats de rire et chansons scandées à tue-tête, elles n'avaient pas remarqué la présence d'un zèbre, qui lui aussi chantait sur un air entraînant :

" La personne humaine est une maison où on entre par la seule et unique porte du cœur. "

« Que dites-vous Monsieur le zèbre ? demandèrent les filles, cette fois très à l'aise.

– Connaissez-vous les proverbes ? leur demanda en retour le zèbre.

– Pas vraiment, répondirent-elles, un peu honteuses, se souvenant qu'elles n'avaient pas souvent assisté aux séances de contes nocturnes.

– Ah, ah ! Pourtant, pour découvrir *le troisième secret de la table des lois du bonheur*, vous allez devoir répondre à une énigme. Allons ! Concentrez-vous !

Il est venu et nous a honorés. Nous lui avons demandé : d'où viens-tu ?
Il a répondu : je viens d'un pays où nul nuage ne s'est formé, où nul tonnerre n'a grondé. Et sur terre, je n'ai jamais mis le pied.

Alors, savez-vous ce que c'est ? » reprit le zèbre d'un air espiègle.

Devant le silence gêné des deux jeunes filles, il répondit :

« C'est le nouveau-né, bien sûr ! Allons, ne soyez pas tristes, je vais quand même vous aider. Mais à l'avenir, efforcez-vous d'écouter et de retenir *les légendes de votre tribu*. Pour continuer votre périple, je vous transmets sans plus tarder *le troisième secret du bonheur*. Il est simple.
Observez-moi bien, je suis à la fois noir et blanc et je ne m'en plains pas. Il en va ainsi de chaque humain. " Chaque homme est sucré d'un côté, amer de l'autre. " C'est un dicton populaire. Les paires d'éléments sont bien complémentaires, et nullement opposées, le jour succède à la nuit, la pluie à la sécheresse, et en chaque être vivant l'expiration à l'inspiration. Tout est duel, et en nous-mêmes également se succèdent des sentiments qui peuvent nous sembler contradictoires : la peur ou le courage face à une épreuve, des élans altruistes ou un repli sur soi.
– Peut-on s'opposer à ce constat, cher Monsieur le zèbre ? demanda Elikia.
– Appelez-moi Zaga-zaga. Repousser cette dualité ne pousse qu'à souffrir, à être en conflit avec soi-même et les autres. Il faudrait au contraire *accepter notre dualité et comprendre que les contraires, au lieu de s'opposer, dépendent les uns des autres*. Voilà, c'est le troisième secret pour le bonheur. Bonne route et n'oubliez pas : *Hakuna matata* ! »

Fin du deuxième épisode

Les deux fillettes prirent congés du troisième fils d'Unkunlukulu et poursuivirent leur ascension. Au bout d'un moment, Furuha, qui était plongée dans ses pensées, dit soudainement :

« C'est étrange tous ses animaux qui parlent comme des humains, tu ne trouves pas ? »

Elikia, que plus rien n'étonnait vraiment en réalité, lui répondit :
« Sans doute vivons-nous une *aventure extraordinaire, peuplée d'animaux totems*. Nous devons être à l'écoute de toutes ces forces qui viennent nous parler. Cela me fait penser à une phrase que mon papa a l'habitude de répéter :
“ Quand je me relie aux ancêtres totémiques et légendaires, je crée une harmonie des êtres entre les mondes animal et végétal. ”
– Mais pourquoi faut-il se relier au monde animal et végétal ? demanda encore Furuha.
– Je n'en sais rien, soupira Elikia, c'est un peu compliqué je crois. Nous demanderons à mon papa de retour à la maison. »

C'est alors qu'apparu un cerf qui bramait pour attirer l'attention des deux amies. Lorsqu'elles s'approchèrent, il prit à son tour la parole :

« Jeunes filles, en tissant un lien avec votre animal totem, vous allez approfondir votre connaissance de vous-même et cultiver votre relation au monde. Lorsque les hommes nourrissent cette relation, ils font davantage face aux défis du quotidien.

– Mais comment reconnaître son animal totem, Monsieur le cerf ? demandèrent les filles en chœur.

– Eh bien, les animaux totems portent des messages significatifs à ceux qui les écoutent et savent comment les décoder. Une fonction de votre animal d'esprit est de vous guider et d'attirer votre attention sur quelque chose qui doit être reconnu, *une action à faire, un aspect de votre personnalité ou une compétence que vous pouvez utiliser ou développer davantage*. Votre animal totem peut vous donner des indications sur vous-même ou sur une situation qui mérite votre attention. Soyez attentives et vous le reconnaîtrez !

Allons, allons ! Comme vous le voyez, vous avez rejoint le quatrième pic ! Quel courage, quelle hardiesse ! Voici *le quatrième secret de la table des lois du bonheur : accueillir la "souffrance-don"*. Cela veut dire : sans souffrance, pas d'éveil ! On ne peut délier un problème qu'en le reconnaissant comme sien puis en affrontant la difficulté pour la résoudre. Et, pour cela, vous pouvez écouter votre animal totem, il vous éclairera. »

« Et maintenant, dépêchez-vous, reprit le cerf. Vous devez atteindre le cinquième pic, la nuit arrive. Il n'est plus trop loin. D'ici, vous pouvez l'apercevoir. Aux pieds de celui-ci, vous rencontrerez notre cheftaine à tous, mère-tortue Agokémé-agokémé. Son nom signifie : « lentement-lentement ». C'est un nom qui fait l'éloge de la lenteur. Elle est la figure de la longévité et de la sagesse. Elle est le symbole de *la paix intérieure*. Sa carapace symbolise la voûte céleste et l'habitation de certains génies bienveillants et protecteurs. La tortue géante peut même remplacer l'ancêtre de chaque famille en l'absence du chef de famille. Et maintenant, bonne route ! »

Grisées par ces différentes rencontres, nos deux aventurières s'élancèrent vers le cinquième et dernier pic, quelles ne tardèrent pas à atteindre.

Là, comme annoncé, elles trouvèrent mère-tortue, qui leur parla en ces termes :

« En réalité, les enfants, *je suis une planteuse*. Être planteur, cela signifie *se mettre en phase avec le moment présent, s'adapter et se maintenir dans un état entre vigilance et confiance, volonté et humilité*. Cette souplesse d'esprit est source de sérénité, de patience, et met à l'abri de la colère et de la déception. Lorsque vous redescendrez au village, plantez un arbre et prenez-en soin. Vous verrez, cela vous incitera à *vous recentrer sur l'ici et le maintenant*.
Tenez, prenez ce petit cotonnier et plantez-le dans le lieu de votre choix. Puisque vous êtes des amies inséparables, occupez-vous en ensemble. Regardez-le grandir en même temps que vous. Cet arbre possède de nombreuses vertus, vous verrez. Sachez par exemple que ses feuilles palmées à cinq lobes sont comme les doigts et ressemblent à une main gantée. Le cotonnier fournit la matière pour les vêtements, c'est une de ses nombreuses fonctions. En s'habillant de coton, on revêt non seulement une matière qui caresse la peau, mais aussi l'essence de la plante qui est faite de gaieté et de suavité. Elle influe sur le tempérament en le rendant paisible, calme et léger. »

Fin du troisième épisode

Furuha et Elikia prirent la plante avec délicatesse, la mirent avec grand soin dans le baluchon en remerciant mère-tortue de son divin cadeau. Après une nuit passée à la belle étoile, protégées par le Soleil et la Lune ainsi que par leurs animaux totems, nos deux voyageuses prirent le chemin du retour, le cœur léger et rempli d'entrain. Cette fois, le trajet leur paru bien plus court que la veille.

De retour au village, elles s'en allèrent trouver le sage de la tribu, Imanamana, qui les accueillit en ces termes :

« Je suis fier de vous, Furuha et Elikia ! Vous êtes des exemples de *courage* et bientôt de *sagesse* pour notre communauté. Vous allez montrer l'exemple aux autres enfants ! En faisant cette marche des anciens, vous avez *consenti à la vie*. Consentir à la vie, c'est accepter son être, dans sa globalité, avec ses qualités et ses défauts. C'est accueillir tous les événements, qu'ils nous confortent ou nous déstabilisent.
Le désir de bonheur est au cœur de chacun, homme ou femme. Mais cette quête s'inscrit dans une satisfaction au sein de la communauté, donc *partagée avec les autres*. On ne peut pas être heureux tout seul. Le partage avec les autres est essentiel. Le bonheur, ce n'est pas le plaisir d'avoir, mais le plaisir d'être... au milieu des siens. Et c'est ainsi que le bonheur devient fête, joie, rire et désir... en harmonie avec la nature, en communion avec les ancêtres qui, bien qu'invisibles, apportent bénédiction et protection. »

Nos deux héroïnes prirent congé du vieux sage, le cœur rempli de joie et impatientes de retrouver leurs parents. Elikia et Furuha comprirent très vite au son de la harpe qui parvenait jusqu'à leurs oreilles que c'était jour exceptionnel au village. Au fur et à mesure qu'elles se rapprochaient des habitations, le son devenait plus net, pur et cristallin.
Enfin, elles arrivèrent près de la cour et aperçurent un grand cercle formé par toute la communauté : anciens, jeunes, hommes, femmes... Tous étaient assis côte à côte : observant le joueur de harpe installé au centre du cercle. Le son de la harpe laissa place aux applaudissements dès que les jeunes filles apparurent.

Le papa de Furuha prit la parole pour les féliciter en déclarant :
« Furuha, Elikia, vous avez fait preuve d'un grand courage. Vous êtes désormais dignes de jouer à cette harpe. Cette harpe sacrée est considérée comme *le cordon ombilical qui lie le ciel à la terre.* Les peuples qui vénèrent la harpe pensent qu'elle existait avant la création du monde, qu'elle est la voix matérialisée du Créateur. Celui qui l'écoute la nuit entière écoute Dieu.

Elikia, enthousiaste, prit la parole et d'une voix puissante déclara :

« Moi aussi, je veux devenir joueuse de harpe !
– C'est bien ce que tu désires ? demanda son père. N'est pas joueur de harpe qui veut. Jouer de la harpe, c'est transmettre le message sacré par sa musique. La harpe transforme les paroles en prières dotées d'une force poétique et d'une grande profondeur religieuse. Elle permet à celui qui en joue de *se réconcilier et de vivre en harmonie avec lui-même*. Pour que ces sons fassent vibrer les membres, il faut nécessairement passer par une initiation.
– Nous nous sentons la force d'en jouer ! » insistèrent les deux amies.

À ces mots, le joueur s'avança vers Furuha et Elikia, en leur tendant la harpe.

« Sachez jeunes filles, ajouta le joueur de harpe, que le son de *la harpe régule l'activité de tous les éléments de la nature et de l'univers.* Instrument de guérison par excellence, la harpe unit les sensibilités les plus fines du corps aux sensibilités les plus fines de l'esprit. Elle crée une véritable harmonie qui guérit. »

Alors, elles s'emparèrent de l'instrument. La harpe était tout aussi grande qu'elles. Elles essayèrent d'en jouer, mais aucun son n'en sortit.

– Et si nous prononcions la formule magique ? suggèra Elikia. *Hakuna matata !* »

Aussitôt, un son timide et frêle sortit de l'instrument sous les applaudissements de la foule.

Toi aussi deviens un enfant super optimiste !

Tu viens de lire seule(e) ou avec tes parents l'histoire de Furuha et d'Elikia. C'est très bien ! Tu as sans doute remarqué le courage de ces deux jeunes filles qui, armées d'une formule magique, ont pu gravir la montagne sacrée et découvrir les lois du bonheur. Veux-tu devenir comme elles et te faire la promesse qu'en toutes circonstances, tu sortiras ta formule magique de ta poche et la brandiras pour t'encourager ? Oui ? Alors, lis attentivement ce qu'il faut faire pour qu'à la maison, à l'école, partout ailleurs, chez tes amis ou tes cousins, tu sois du bon côté des choses, du bon côté de la vie.

MA PAROLE SERA JUSTE ET MES MOTS MAGIQUES !

Tu l'as remarqué en lisant le conte, c'est un vieux sage qui a transmis aux deux jeunes filles la force et la volonté d'aller sur la montagne sacrée. Toi aussi, avant de prendre de grandes décisions, tu peux demander conseil à tes grands-parents ou à tes oncles, tantes et même tes parents. Ils ont de l'expérience et te permettront de voir plus clair dans tes choix. Le sage de la tribu leur a enseigné l'art de la parole juste : comment parler peu mais parler utile. Ce conseil te sera très utile maintenant et tout au long de ta vie. Tu n'es pas obligé(e) de répondre à tout ce qu'on te dit à l'école, dans la rue. Apprends à ne pas te mêler de toutes les conversations de tes camarades de classe. Tu sais désormais que tes paroles peuvent faire du bien aux autres, comme elles peuvent faire du mal. La parole a également un grand pouvoir. Imanamana l'a prouvé en révélant les secrets de la tradition à Furuha et Elikia. Toi aussi, garde une formule porte-bonheur à portée de main comme un véritable talisman en cas de difficultés. Dis-toi cette phrase secrètement en te la murmurant comme pour te parler à toi-même. Tu vas voir, elle va agir sur ton être entier !

JE CULTIVE LA JOIE, ELLE EST CONTAGIEUSE !

Dans ce conte, le colibri que les filles ont croisé a insisté sur la joie source de toute vie. Alors, comme le colibri qui chante tous les jours de sa vie, réjouis-toi des petits riens : un doux rayon, un beau coucher de soleil… Être dans la joie procure un bien-être dont chacun profite. Transmets gratuitement cette joie à d'autres personnes en tenant par exemple la porte du métro à un inconnu, en portant son sac à une personne âgée, en saluant le voisin, le facteur… Tout cela forme une chaîne de gratitude. Le partage avec les autres est primordial. Essaie, tu verras !

JE VAIS DÉSORMAIS ACCEPTER MES DÉFAUTS AUTANT QUE MES QUALITÉS !

À la fin du conte, le sage Imanamana recommande aux deux jeunes filles de « consentir à la vie ». Sais-tu ce que cela veut dire « consentir à la vie » ? Cela signifie que tu dois t'accepter tel(le) que tu es dans ta globalité, avec tes qualités et tes défauts. Si tu as l'habitude d'entendre les autres dire de toi que tu es lent(e) à l'école, faire des commentaires sur ta taille, ton poids, ton nez, désormais cela ne doit plus te blesser. Oui et alors ? Tu peux répondre qu'il faut de tout pour faire un monde ! Tu as ça mais tu as d'autres choses ! Peut-être que tu es rapide à la course à pied et tu dois t'en réjouir. C'est cela, accueillir tous les événements, qu'ils nous confortent ou nous déstabilisent.

JE VAIS DEVENIR UN PLANTEUR !

Tu as compris, grâce à mère-tortue qu'être planteur signifie vivre ici et maintenant. Quand tu pratiques ton sport favori, concentre-toi à fond sur ton activité. Mets-toi en phase avec le moment présent. Un des moyens pour être un planteur est tout simplement de planter un arbre. Avec ton argent de poche, tu peux acheter un petit arbre, le regarder grandir, en prendre soin. Arrose ta plante, donne-lui de la lumière, enlève-lui les feuilles mortes ; cela t'incitera à penser au moment présent. L'arbre possède de nombreuses vertus, tu verras. L'essence de la plante est magique, elle est faite de gaieté et de douceur. Fais-en l'expérience, tu vas voir. Elle influe sur le tempérament en le rendant paisible, calme et léger.

Si tu veux vivre une vie heureuse, commence par accepter que les choses changent. Les situations sont faites pour évoluer. Si tu as une mauvaise note aujourd'hui, dis-toi que tu en auras une meilleure demain (et donne-t'en les moyens). Si ton copain de toujours refuse de jouer avec toi, avec un peu de patience, tu en auras un autre ou il reviendra s'excuser et vous redeviendrez amis comme avant. Rien n'est figé. Accepte les choses telles qu'elles se présentent, patiente, prends du recul... Tout cela fait partie de la vie. Qu'un rien te fasse plaisir.

Tu l'as compris, on ne peut pas être heureux tout seul. Le bonheur, ce n'est pas le plaisir d'avoir, mais le plaisir d'être... au milieu des siens : ta famille, tes amis, tes voisins. Et c'est ainsi que le bonheur devient fête, joie, rire et désir... en harmonie avec la nature !

40 jeux et activités

Dans cette troisième partie tu trouveras 40 activités qui vont t'aider à faire agir *Hakuna matata* à tous les moments de la vie. Tu peux faire ces activités tout(e) seul(e), même si tu auras besoin d'aide pour certaines. Nous te conseillons vivement de les partager autour de toi. Ces jeux vont amuser, instruire, faire réfléchir tes parents, grands-parents, tes frères et sœurs, la jeune fille qui s'occupe de toi le soir, la voisine qui te garde le week-end, tes cousins et cousines avec qui tu passes les vacances. Eux aussi ont besoin d'expérimenter la force et la magie de *Hakuna matata*. Tu ne crois pas ?

1 — À partir de 8 ans

Trouve ton animal totem

Matériel : des livres documentaires sur les animaux, une encyclopédie, une connexion Internet pour surfer et faire des recherches

Tu sais maintenant, grâce à Elikia et Furaha, qu'il existe un lien, une compatibilité entre l'homme et les animaux. Lorsque tu cultives cette relation, tu formes des liens puissants avec des alliés et des guides qui te seront d'un grand soutien dans la vie pour faire face aux défis quotidiens. Dans les jeux qui vont suivre, nous te proposons d'être à l'écoute de toutes ces forces qui viennent nous parler.

- Apprends à observer les animaux : dans les livres documentaires, dans les zoos, dans certaines émissions à la télévision... Ainsi, tu pourras commencer à te familiariser avec eux.
- Si certains t'attirent particulièrement, poursuis tes recherches dans le dictionnaire et regarde quelques vidéos à leur sujet sur Internet. Recherche quels sont leurs symboles et si ces derniers te parlent tout particulièrement.
- Choisis ensuite ton animal totem, puis passe à l'activité numéro 2 !

2 — À partir de 6 ans

Dessine ton animal totem

Matériel : du papier-calque, des emballages en carton, un crayon à papier, de la peinture, des pinceaux, une paire de ciseaux, des attaches parisiennes, une perforeuse

Ton animal totem peut t'encourager à découvrir tes forces et tes faiblesses. Il peut t'aider à mieux cerner une compétence que tu peux développer davantage. Nous t'invitons à sentir la puissance de ton animal totem et à t'inspirer de ses qualités. Comment ? Et si tu commençais par t'offrir une représentation de ton animal totem ? Comme tu le sais, il va te protéger de jour comme de nuit ! Voici comment faire.

- Trouve dans un magazine ou dans un livre une représentation de ton animal totem que tu apprécies particulièrement. L'important n'est pas qu'elle soit réaliste mais qu'elle te plaise !
- Reproduis-en les contours sur ta feuille de papier-calque. Puis, décalque les différentes parties de ton animal sur les cartons (tête, bras, pattes, queue, corps, aile, etc.) Découpe-les. Tu peux les peindre et les décorer à ta guise.
- Fais des trous pour assembler les morceaux avec les attaches parisiennes.
- Place-le enfin dans un endroit éclairé de ta chambre. Rends-lui visite le plus souvent possible et, comme à un vrai ami, parle avec lui de tout.

3
À partir de 7-8 ans

Apprends à te connecter à l'esprit de la terre

Matériel : un coin de pelouse où tu peux marcher, un parc, une forêt

Tu sais maintenant que toutes les choses qui sont autour de nous ont un esprit comme nous ; les animaux, les arbres, la rivière qui coule, le vent qui souffle… Si tu apprends à entrer en contact avec tous ces éléments de la nature, cela te procurera un équilibre et une paix intérieure.

- Comment t'y prendre ? Commence par exemple à marcher dans la nature, si tu le peux, les pieds nus, pour sentir la terre fraîche et l'herbe mouillée.
- En faisant cela régulièrement, tu te branches ainsi aux forces naturelles et te relies à tout leur esprit bénéfique.
- Passer du temps dans la nature permet de l'entendre et ainsi d'écouter et de mieux accueillir l'autre.

4
À partir de 6 ans

Programmer une sortie en famille

Matériel : des livres, articles de magazines

Programmer une sortie en famille est une activité passionnante. On passe un vrai moment d'échange en famille autant les parents que les enfants. C'est beaucoup d'échanges et de fous rires en perspective. Mais tout cela se prépare !

- Calez une date sur le calendrier familial.
- Collectez les idées de destinations dans les magazines de quartier, des articles de la presse locale…
- Organisez un conseil de famille pour choisir la date. Un mois les enfants choisissent, un autre mois les parents, ainsi de suite. Tout le monde est ainsi impliqué.
- Préparez la sortie pour que tout se passe bien : prévoyez de bonnes chaussures, des vêtements adaptés à la saison, un pique-nique, de l'eau, des casquettes, des gants, etc.

5
À partir de 3 ans

Approcher un arbre, l'embrasser, lui parler

Matériel : un morceau de carton, de la peinture et des pinceaux, un compas, une paire de ciseaux, des Post-it®

Tu peux bien sûr pratiquer cela dans ton jardin ou dans un parc avec tes parents. On vous regardera peut-être bizarrement, mais après tout, qu'est-ce que vous en avez à faire ? Vous êtes les tout premiers : un jour tout le monde fera un câlin à un arbre. Il est vrai que l'effet est plus fort dans une forêt où les arbres sont libres de toute intervention humaine.

- Choisis un arbre grand, fort, beau. Il aura encore plus d'énergie à donner. C'est un « arbre-maître ». Ne choisis pas un arbre qui paraît malade.
- Promène-toi l'esprit ouvert et, dans l'instant présent, laisse-toi guider vers l'arbre. On dit dans ce cas que c'est l'arbre qui nous choisit.
- Lorsque tu auras trouvé ton arbre, prends un moment pour l'observer. Demande-lui intérieurement la permission de l'approcher.
- Ensuite, colle-toi contre lui et enlace-le. Colle le front ou la joue contre l'écorce. Mets tes pieds contre les racines si cela est possible. Ferme les yeux. Respire calmement. Sens un apaisement, une énergie douce te pénétrer. Pose tes mains contre son écorce. Respire à pleins poumons.
- Une autre technique consiste à se mettre dos à l'arbre. Une main sur le sacrum (bas du dos) paume contre l'écorce de l'arbre. L'autre main paume contre le plexus solaire (haut du ventre, au-dessus du nombril). Repose l'arrière de la tête contre l'écorce de l'arbre et si possible les pieds entre les racines. Respire profondément et reste dans cette position 5 minutes.
- Avant de repartir, n'oublie pas de remercier l'arbre ! Il t'a insufflé de l'énergie.

6
Tous âges

Fabrique un herbier

Matériel : **une paire de sécateurs ou un couteau adapté et sécurisé pour le prélèvement, des pochettes plastiques pour le transport, du papier journal, des feuilles de buvard ou de carton fin pour le séchage. Des planchettes de bois ou des livres épais pour constituer la presse, un crayon et des étiquettes pour l'identification.**

Pour le support final : **des pages cartonnées, des feuilles de calque, du scotch, un feutre, une perforeuse, de la ficelle, une paire de ciseaux**

C'est une activité qui se pratique à tous les âges, pour partir à la découverte des végétaux ou réaliser un objet de décoration original. La technique de l'herbier est également utilisée par les scientifiques pour répertorier les différentes espèces de plantes.

- Place les plantes sous presse dans le papier buvard ou journal, dès la fin de la récolte. Limite le nombre d'échantillons au strict nécessaire.
- Prélève des feuilles non humides par temps sec pour éviter toute formation de moisissure.
- Garde le système racinaire en éliminant manuellement la terre en surface.
- Réalise le collage sur pages cartonnées en utilisant de fines bandes de scotch.
- Dépose chaque feuille d'arbre entre deux feuilles de calque que tu illustreras en indiquant le nom et les différentes parties du végétal (nom de la plante ou de l'arbre et date).
- Pose le gros livre ou les planchettes dessus, sur une surface plane et laisse reposer quelques jours.
- Troue l'extrémité des pages cartonnées et assemble-les avec la ficelle.
- Termine en décorant la couverture de ton herbier !

7
À partir de 9 ans

Apprends à connaître le pouvoir des arbres

Matériel : **des livres documentaires sur les arbres, une encyclopédie, une connexion Internet pour surfer et faire des recherches, un carnet, un crayon**

- Dessine dans ton carnet un baobab, un sycomore, un cotonnier, un calebassier etc. et trouve toutes les qualités qui constituent la force de ces arbres. Tu deviendras très vite incollable sur le pouvoir des arbres.
- Tu peux demander à tes parents de t'emmener faire un tour chez des fleuristes, certains possèdent des arbres d'Afrique.
- Tu peux acheter un jeune plant pour le faire pousser sur le balcon ou dans un coin de ta chambre.

8
À partir
de 10 ans

Apprends à observer les différentes phases de la Lune

Matériel : un petit carnet, un crayon, un compas

Te souviens-tu de Imanamana le sage, qui explique à Elikia et Furaha le rôle de la Lune ?

« La Lune est la magicienne du temps qui comptabilise les nuits, scande la vie de chacun. Elle est la grande organisatrice des phénomènes de marées, elle guide la migration des êtres sur terre comme sur l'eau. »

Toi aussi, tu peux apprendre à reproduire l'aspect de la Lune à différentes phases. Il en existe 8 : la Nouvelle Lune, le Premier croissant, le Premier quartier, la Lune gibbeuse croissante, la pleine Lune, la Lune gibbeuse décroissante, le Dernier quartier, le Dernier croissant.

- Note dans ton petit carnet les phases lunaires en indiquant les informations suivantes : date ; heure ; direction (est, sud...)
- Selon la phase de la Lune, remarques-tu des choses particulières ? Ton humeur, ta santé, le comportement des animaux, des plantes...
- Note des observations et apprends à prendre de bonnes habitudes en fonction de ta sensibilité !

9
À partir
de 5 ans

La danse du Soleil

Matériel : un cerceau, ta bonne humeur, tes amis, tes frères, sœurs ou cousins

Le vieux sage Imanamana a révélé aux deux amies l'importance des astres. Ainsi le Soleil est l'époux de la Lune et l'œil de Dieu.

- Placez-vous en cercle et déposez un cerceau au centre. Il représentera M. Soleil.
- À tour de rôle, chacun crée un pas de danse.
- Tous ensemble, vous l'imitez. Vous créez ainsi à tour de rôle votre danse du Soleil.

Voilà une bien jolie manière de célébrer le Soleil qui nous réchauffe, nous apporte la lumière et nous permet de nous alimenter !

10
À partir de 8 ans

Amuse-toi à fabriquer un tambour ou un tam-tam

Matériel : un peu de temps (15 minutes environ), des boîtes de conserve ou des boîtes métalliques, des ballons, des élastiques, du riz, du papier coloré, des ciseaux et du scotch, des éléments de décoration (gommettes, etc.)

Le son qui sort d'un tambour produit des vibrations qui font du bien au corps et à l'esprit. Ça tombe bien ! Il y a tout de ce qu'il faut dans une maison pour fabriquer ce petit tambour ! Voici les étapes pour réaliser ces jolis tam-tams. Surtout, qu'on ne dirait pas comme ça, mais le son de ces petits tambours faits maison est remarquable !

- Munis-toi des boîtes de conserve vides, ouvertes d'un côté. Prends de préférence des boîtes métalliques avec couvercles en plastique, car tu éviteras le risque de te couper comme avec une boîte ouverte à l'ouvre-boîte.
- Commence par bien les nettoyer et sèche-les.
- Mesure tes boîtes (hauteur et circonférence + 2 cm) pour créer ta forme dans le papier coloré.
- Découpe le papier, enroule la boîte avec ce papier et fixe-le à l'aide du scotch.
- À présent, mets une petite poignée de riz (ou de lentilles) dans la boîte.
- Gonfle le ballon sans faire de nœud, juste pour le rendre plus facile à manipuler à l'étape suivante, puis dégonfle-le.
- Découpe le ballon à la base de la forme ovale. C'est l'étape la plus technique ! Il faut étirer le ballon au maximum pour recouvrir le haut de ta boîte de conserve. Plus le ballon sera tendu, plus le son sera joli.
- Puis place un élastique pour bien maintenir le tout.

Et voilà ton tambour, tam-tam ! Tu peux t'amuser à secouer ou taper avec des petites baguettes ou même directement avec les mains.

11
À partir
de 7 ans

Apprends à chanter

Matériel : **tes chansons préférées sur CD ou sur clé USB, une bonne connexion Internet, ta chambre ou une pièce calme de la maison**

Souviens-toi : lorsque Furuha et Elikia avaient peur dans la montagne, elles ont commencé à chanter et aussitôt elles ont retrouvé force et courage. Toi aussi, utilise la puissance du chant pour te motiver et faire partir les nuages qui assombrissent ton moral. Si tu ne te sens pas bien dans ton assiette, un peu mélancolique ou même chafouin sans savoir pourquoi, booste-toi en chantant.

- Commence par écouter les chanteurs que tu aimes et chante en même temps que ces deniers. Plus tu chantes, plus tu auras envie de chanter ! C'est ainsi qu'opère la magie du chant. Ne t'inquiète donc pas si tu as l'impression que tu chantes faux, que tu n'oses pas chanter fort, ou sortir ta voix. Les choses vont se mettre en place progressivement et tu seras très étonné toi-même !
- Les chansons en karaoké (les paroles défilent sur écran) peuvent aussi bien t'aider à mémoriser les paroles.
- Tu peux suivre des tutos (un tutoriel) pour apprendre à chanter sur Youtube®. Il y a d'excellents tutos qui te guideront pas à pas et te suivront dans la progression. L'essentiel est la fréquence et la régularité avec laquelle tu t'entraînes !

12
À partir
de 6 ans

Joue à l'animal musical

Matériel : **un imagier d'animaux d'Afrique, une musique joyeuse, tes amis, ton papa ou ta maman ou la personne qui te garde**

Voici un jeu qui fait rire et détend très vite.

- Propose à tes amis de se mettre en cercle. La personne adulte qui est avec vous fait jouer une musique et lorsqu'elle l'arrête, elle doit vous montrer une image d'animal.
- Vous devez imiter celui-ci, son cri et sa démarche.
- Lorsque la musique repart, vous recommencez à danser. Lorsqu'elle s'arrête, il y a un nouvel animal à imiter. Bonne ambiance garantie !

13
À partir
de 7 ans

Chante en groupe avec tes amis

Matériel : **une vingtaine de chansons, un groupe d'amis, un endroit calme**

Voici une activité à faire avec tes amis. Il n'y a pas mieux pour resserrer les liens et partager des goûts !

- À tour de rôle, chacun choisit une chanson qu'il connaît et en fredonne l'air.
- Tes amis doivent deviner de quelle chanson il s'agit.
- Quand ils ont trouvé la chanson, celui qui chantait doit s'asseoir et les autres se levent et l'applaudissent le plus fort possible.

14
À partir de 8 ans

Découvre le dessin musical

Matériel : une feuille, des crayons de couleur, ton imagination, ta bonne humeur, un lecteur CD et une playlist de ton choix, un adulte et tes amis

- Asseyez-vous tous en cercle.
- Demandez à l'adulte de mettre en route la musique et de l'arrêter quand il jugera le moment propice.
- L'un des participants prend la feuille et les crayons et commence à dessiner.
- Mettez en route la musique. Lorsqu'elle s'arrête, celui qui dessinait passe la feuille à son voisin.
- Continuez ainsi jusqu'à la fin du dessin.

Il sera très drôle de voir le résultat final !

15
À partir de 7 ans

Amuse-toi

Elikia te donne un conseil ! À toi de le découvrir.

16
À partir de 8 ans

Apprends aux autres à appliquer le Hakuna matata

Matériel : ton petit carnet, ton stylo, tes 5 piliers du bonheur, ton courage

Toi tu connais désormais l'essence de Hakuna matata et tu comptes bien l'appliquer dans toutes les situations de ta vie n'est-ce pas ? Mais voilà, il n'est pas sûr que tes amis ou tes cousins le connaissent. Voilà ce que je te propose de faire : intervenir en donnant des conseils lorsque tu entendras ta sœur ou un camarade de classe se décourager parce qu'il a obtenu une mauvaise note ou fait l'objet de moqueries d'autres camarades.

- Imagine-toi dans cette situation à la maison ou dans la cour de récréation et réfléchis. Que pourrais-tu faire ou dire ? Note dans ton petit carnet toutes tes idées.
- Réfère-toi à tes 5 piliers pour l'adapter à la situation. Si tu n'y arrives pas, réfléchis avec tes parents. Souligne la meilleure idée pour t'en souvenir au moment où tu en auras besoin.
- Il n'est pas dit que tu réussisses la première fois à convaincre. Ce n'est pas facile de faire changer de comportement et de manière de penser ou d'agir. Essaie, rien ne peut t'arriver car tu cherches le bon ordre.

17
À partir de 6 ans

Fabrique ta propre formule magique

Matériel : une feuille de papier grand format, un petit bout de ficelle, un stylo, ton imagination

Tu le sais désormais, la formule magique doit être ta bouée de sauvetage en toutes circonstances pour conjurer les idées noires, un chagrin, pour te donner du courage la veille d'un examen ou quand tu passes une épreuve sportive. Elle est efficace à tout moment et en toutes saisons. N'oublie pas, elle donne force et bravoure !

Tu peux en fabriquer autant que tu veux et y faire appel au bon moment pour le bon évènement. Comment t'y prendre ?

- Découpe autant de petits rectangles que tu le souhaiteras de 3 cm de longueur et de 2 cm de largeur sur ta feuille de papier.
- Écris des phrases qui te donnent de l'énergie un peu comme *Hakuna matata* sur ton papyrus. Adapte-les à ta vie. Ensuite, prends le petit papier et mets-le dans ta poche. Sors-le et prononce ta formule magique ou murmure-la dès que le besoin s'en fait sentir. Essaie, tu verras, tu ne t'en passeras plus !

18
À partir de 5 ans

Si loin, si proche

Matériel : un crayon et ta bonne volonté

Où vivent Furaha et Elikia ? Furuha et Elikia vivent au pied du Kilimandjaro sur le continent africain.

- Observe bien cette carte du monde et dessine les deux petites filles.
- Puis dessine-toi et positionne-toi bien à l'endroit où tu habites.
- Tu as vu ? Vous êtes très loin les uns des autres. Et pourtant vous avez de nombreux points communs. Essaie de les énumérer.

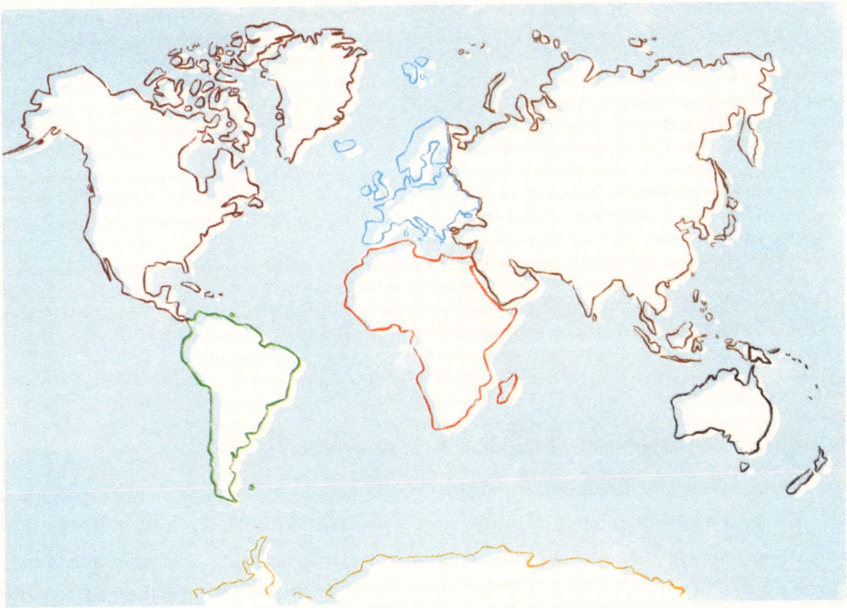

19
À partir de 7-8 ans

Apprends à accepter tes faiblesses et tes forces

Matériel : un petit carnet, un crayon à papier, ta bonne humeur, ta famille

Le zèbre Zaga-zaga vous l'a appris. Sa robe est de deux couleurs, le noir et le blanc. Il en est ainsi de notre caractère. Nous avons des forces et des faiblesses. À nous d'apprendre à les identifier et à les accepter.

- Commence par identifier les traits de ta personnalité. Réfléchis et note ce qui semble être des faiblesses chez toi.
- Maintenant, passe à tes forces. Réfléchis à des situations du passé où tu as réagi d'une certaine manière.
- Essaye de faire cette activité en famille. Cela te permettra de voir le bon côté de tes frères, sœurs et de tes parents.

20
À partir de 10 ans

Imagine ton refuge

Matériel : **ton imagination**

Quand on ne se sent pas très en forme, il est un endroit paisible où on va à tout moment se ressourcer pour aller mieux. Sais-tu en réalité où se trouve ce lieu ? Eh bien dans ta tête !

Je te propose de créer ce qu'on appelle un « lieu refuge ». Il faut simplement l'imaginer.

- Commence par t'allonger confortablement dans un endroit calme.
- Fais travailler ton imagination et crée dans ta tête un lieu magnifique : une cascade fraîche, un beau jardin rempli de fleurs avec une odeur agréable, une mer turquoise...
- Ferme les yeux, respire profondément et imagine que tu es dans ton refuge. Il ne peut rien t'arriver, tu t'y sens bien.

Tu peux retourner dans cet endroit à n'importe quel moment de la journée. Tu es libre, personne ne peut t'en empêcher. C'est génial non ? N'hésite pas à partager ce bon conseil autour de toi. Y compris avec tes parents qui doivent souvent dire qu'ils n'ont jamais une minute à eux dans la journée. Tu vas les aider eux aussi à créer leur « lieu refuge ».

21
À partir de 6 ans

Fais la liste de toutes tes réussites du jour

Matériel : **un petit carnet, un stylo**

Un peu comme tout le monde, tu as peut-être cette fâcheuse habitude de ne voir que ce qui ne va pas, ce qui ne marche pas. Tu passes le plus clair de ton temps à comptabiliser tes échecs et pourtant tu peux choisir de te rappeler tout ce que tu fais de bien et quelles sont tes réussites.

- Prends ton carnet et décris tout ce que tu as réussi dans la journée.
- Au moment de se coucher, il est bien agréable de se le rappeler : tu as réussi à préparer seul ton petit déjeuner, à faire tes devoirs sans ta maman ni la baby-sitter...
- Si tu prends le temps de les repérer et de les noter, tu verras que tes réussites sont nombreuses !

22
À partir de 10 ans

Deviens incollable en devinettes

Matériel : **tes amis, tes frères ou sœurs, tes parents ou ton baby-sitter, une bonne connexion Internet pour trouver des sites de devinettes africaines**

Vous disposez de 20 secondes pour trouver les réponses ! Allez, faites tourner vos méninges ! Ce jeu de devinettes est amusant, mystérieux et fait appel à la logique. Vous l'avez vu dans le conte, elles font partie intégrante de la vie quotidienne et divertissent autant qu'elles stimulent la pensée. Elles sont posées à la tombée de la nuit, juste avant les contes. Si tu habites en Europe ou en France, tu peux jouer à tout moment de la journée pour muscler tes neurones. En Afrique, où la parole reste importante, les devinettes transmettent toujours une sagesse ancienne et développent l'imaginaire.

- Désignez la personne qui sera en charge de poser les devinettes.
- Veillez à changer à chaque séance de personnes pour que tout le monde passe de chaque côté : poser des devinettes et y répondre. On s'amuse ainsi.

Devinette : *Dans une grotte, des enfants vêtus de blancs font la ronde autour de leur mère vêtue de rouge. Où se trouve cette grotte ?*
Réponse : *LA BOUCHE ! (les habitants sont les dents et le chef la langue !)*
Devinette : *Ce village, lorsqu'il fait nuit, des milliers de jeunes filles n'arrivent pas à l'éclairer de leurs lampes. Pourtant une vieille femme seule y arrive. De quel village s'agit-il ?*
Réponse : *Le ciel dans la nuit. Les étoiles (des milliers de jeunes filles) n'arrivent pas à éclairer la Terre ; la Lune (la vieille femme), quand elle arrive, éclaire à elle seule toute la Terre.*
Devinette : *Je suis un homme, je suis une femme et pourtant je ne suis ni un homme ni une femme. Qui suis-je ?*
Réponse : *l'ombre.*
Une variante de cette même devinette est : « Je suis celui que je suis et pourtant je cours toujours après lui sans le rattraper. »
Devinette : *Je suis à vous et à personne d'autre, mais les autres m'utilisent bien plus souvent que vous. Qui suis-je ?*
Réponse : *le nom. Ça saute aux yeux ! Les autres prononcent votre nom bien plus que vous-même !*
Devinette : *Parfois je crie, parfois je murmure. Je parle toutes les langues sans jamais les avoir apprises. Qui suis-je ?*
Réponse : *l'écho de la voix.*

23
À partir de 10 ans

Essaie le Yoga du rire

Matériel : un petit tapis de mousse, un miroir, ta bonne humeur

Sais-tu que rire est très sain ? C'est même une thérapie ! Le rire renforce la joie de vivre, laquelle est trop souvent réprimée dans notre quotidien trépidant. Nous allons te donner quelques techniques pour pratiquer le Yoga du rire.

- Assieds-toi sur ton tapis en tailleur devant le miroir et souhaite-toi la bienvenue. Fais ce rire de bienvenue jusqu'à ce que tu sois en joie, très en joie.
- Frappe ensuite dans tes mains devant le chakra du cœur, c'est-à-dire le centre de l'énergie vitale du cœur.
- Concentre-toi sur ton ventre et force-toi à rire comme une baleine en version « Ho, ho ».
- Concentre-toi sur ta poitrine et ris sur le mode « Ha, ha ».
- Passe constamment de ton ventre à ta poitrine, de bas en haut, en faisant des « Ho, ha, ha, ho, ho ». Ris ainsi par vagues.
- Penche-toi en direction du sol. Tiens tes mains vers le bas, concentre-toi sur le sol. Puis, relève tes mains en direction du plafond et hurle « Ha, ha, ha, ha », comme une sirène d'alarme.
- Fais cet exercice par vagues à plusieurs reprises. Tu relies le ciel et la terre à travers ton rire.
- Songe au mantra, une formule sacrée dotée d'un pouvoir spirituel. Lorsque tu ris, pense fortement à ces phrases dans ta tête : « Tous les êtres doivent être heureux. Que le monde entier soit plein de rires. »

24
À partir de 7 ans

Joue au ballon du rire avec tes camarades de classe

Matériel : 1 ballon flottant, ta bonne humeur, un stylo

Propose ce jeu à ta classe, c'est une activité de détente.

- Ton maître ou ta maîtresse tient un ballon. Au signal, tous les joueurs se mettent à rire.
- La seule consigne : dès que le ballon touche le sol, tout le monde doit se taire. Ceux et celles qui continuent à rire sont éliminés.

Fous rires garantis. En plus ça fait bien digérer !

25
À partir de 5 ans

Pratique le Nyu Ngù

Le Nyu Ngù *(cela se prononce* Niou Ngou*) est une danse issue de la tradition bantu d'Afrique centrale et de l'apport de la psychomotricité.* Ngù *désigne l'énergie primordiale, à l'origine de toute création dans l'univers.* Nyu *désigne le corps dans lequel le* ngù *se transforme en* ngo*, l'énergie vitale. Le* Nyu Ngù *est un outil de découverte et d'épanouissement de soi, qui vise l'ouverture du cœur sur les plans physique, énergétique et spirituel.*

- Nous te proposons de reproduire la posture suivante qui te fera beaucoup de bien, en particulier après l'école, pour te libérer d'un trop-plein d'énergie !
- Reste bien campé sur tes deux pieds. Secoue les bras, les mains, les genoux et la tête de manière à totalement les détendre, sans décoller les pieds du sol.
- Relâche également les muscles du visage.

26
À partir de 10-12 ans

Encadre ton symbole Adinkra pour décorer ta chambre

Matériel : **une image du tableau Adinkra, un sous-verre, une paire de ciseaux, un peu de scotch, un passe-partout, beaucoup d'enthousiasme**

Connais-tu les Adinkra ? Ce sont des symboles africains qui représentent des symboles et des qualités humaines. On y retrouve le courage, la bravoure, la patience, la tolérance, la sagesse, la créativité. Tu les trouveras facilement sur Internet.

- Choisis ton symbole, qui représente selon toi la plus belle des qualités.
- Tu peux l'agrandir au format que tu veux.
- Puis, demande à un adulte de t'aider à placer ton sous-verre en fonction du cadre qui l'entoure. La vitre, elle, peut être en verre ou en Plexiglas®. Attention cependant à ne pas choisir une vitre anti-reflet, qui aurait pour effet de ternir, voire de flouter ton joli tableau-symbole.
- Ton cadre est prêt pour décorer ta chambre de ton symbole.

27
À partir
de 10 ans

Crée un tatouage éphémère

Matériel : tes symboles Adinkra, une fiche de papier cartonnée, une paire de ciseaux, un marqueur ou un tampon encreur, ta bonne humeur

Cette méthode te permet de créer des tatouages ayant l'air authentiques. Je te conseille d'utiliser un pochoir. De cette façon, tu peux contrôler le dessin plutôt que de le faire à main levée. Les motifs simples sont plus faciles à réaliser avec cette méthode.

- Utilise un papier cartonné sur lequel tu peux dessiner ou décalquer ton symbole Adinkra. Cela formera ton pochoir.
- Découpe ensuite les contours. Pour les tatouages plus compliqués, pense à les décalquer au feutre noir ou de couleur. Colorie l'intérieur avec le marqueur ou avec l'encre.
- Pour appliquer le tatouage, place le pochoir sur ta peau et maintiens-le en place avec une main ou avec du scotch.
- Une fois cette étape finie, soulève le pochoir et laisse sécher. Il vaut mieux choisir une zone plane pour un meilleur résultat.
- Efface le tatouage à l'eau savonneuse, si tu veux le retirer.

28
À partir de 10 ans

Peinture sur vieux t-shirts

Matériel : un t-shirt en coton, de la peinture pour textile liquide ou en spray, des pinceaux de la taille et de la forme de ton choix, du carton, une planche à dessin ou une planche à découper de cuisine, des épingles à nourrice ou de couture, un crayon, un marqueur auto-effaçant ou une craie, des ornements de ton choix (facultatif)

La peinture sur tissu est une très bonne manière de redonner vie à un vieux t-shirt. Ainsi, tu éviteras de trop consommer, ce qui épuise les ressources de notre planète et tu pourras varier tes looks à l'envie !

- Dessine le motif de ton choix au crayon sur du papier. Essaye plusieurs combinaisons de couleurs sur du carton avant de te lancer sur le tissu.
- Reporte le dessin sur le tissu. Avec un crayon ou un marqueur auto-effaçant, transfère le dessin depuis ton patron (ici le carton) sur ton tissu. Pour les tissus sombres, utilise de la craie.
- Si tu souhaites reproduire un motif très précis, tu peux choisir de faire un pochoir.
- Prends de la peinture en spray pour textiles. Elle te servira à peindre les pochoirs. Ce type de peinture sèche plus rapidement et te permettra de remplir tes motifs au pochoir les plus fins avec précision.
- Une fois que tu as terminé de peindre ton motif, laisse sécher 24 heures et attends 72 heures avant de laver le tissu.
- N'oublie pas d'ajouter des ornements.

29 À partir de 6 ans

Crée tes cartes de vœux uniques

Matériel : **de la colle liquide ou en bâton, des stylos à pointes fines, une paire de ciseaux, des photographies ou des coupures de magazines, une règle, toutes les autres décorations que tu aimerais utiliser**

- Le format d'une carte de vœux standard est rectangulaire et mesure environ 13 x 18 cm pliée en deux. Utilise ta règle pour mesurer et découper.
- Découpe aussi un ou deux morceaux de papier d'une couleur différente. Découpe-les pour qu'ils soient plus petits que la carte de quelques centimètres et centre-les sur le côté extérieur. Colle-les et laisse bien sécher avant de plier la carte en deux.
- Les magazines sur la nature et les animaux sont très adaptés pour la fabrication des cartes, de même que les magazines avec beaucoup de publicités. Les couleurs très contrastées des publicités rendent très bien quand elles sont découpées pour des cartes.
- Si tu le peux, dessine toi-même dans ou sur ta carte. Pas besoin d'être un grand artiste pour faire de super dessins !

Une simple carte blanche avec une fleur pressée dessus sera le cadeau élégant et attentionné idéal pour accueillir ton message. N'aie pas peur de créer une carte originale. Les cartes de vœux personnalisées sont mieux accueillies que les cartes plus communes.

30 À partir de 6 ans

Je vais dans la jungle et j'apporte...

Matériel : **une encyclopédie, ta bonne humeur**

Amuse-toi avec tes parents à ce jeu... L'objectif et de créer des moments de partage en profitant du moment présent !

Furuha et Elikia sont parties sur la montagne en emportant de l'eau et du pain de maïs.

- Propose à tes parents ou tes amis de s'asseoir en cercle. Commencez le jeu en disant : « Je vais dans la jungle et j'apporte... » (exemple : une lampe de poche).
- La personne à côté de toi doit dire : « Je vais dans la jungle et j'apporte une lampe de poche et... » (exemple : une boussole).
- Chacun à son tour doit répéter ce que l'autre a dit et ajouter un élément. C'est très amusant et enrichissant pour le vocabulaire !

31
À partir de 4 ans

Dans la jungle, il y a des...

Matériel : une encyclopédie, ta bonne humeur

Amuse-toi avec tes proches à ce jeu... L'objectif et de créer des moments de complicité et de bonne humeur en profitant du moment présent !

- Fais faire un cercle à tes amis, parents ou voisins et donne-leur chacun un nom d'animal du zoo (lion, zèbre, éléphant, girafe, guépard, gorille, etc.)
- Place-toi au centre du cercle et lance un foulard en l'air en disant : « Dans la jungle il y a des... » (nomme un animal).
- La personne nommée doit ramasser le foulard et le lancer en l'air à son tour en nommant un autre animal.

32
À partir de 5 ans

Sors du labyrinthe

Matériel : un crayon, ta bonne humeur

Furuha doit rejoindre son amie Elikia à l'autre bout du labyrinthe. Aide-la !

33
À partir de 6 ans

Atelier coloriage

Matériel : des crayons de couleurs, ta bonne humeur

Colorier, c'est un acte gratuit, qui n'a pas d'autre finalité que l'instant passé à l'accomplir. C'est une excellente façon d'accéder à une activité artistique, c'est gratifiant et cela permet de libérer toutes tes émotions et ta créativité !

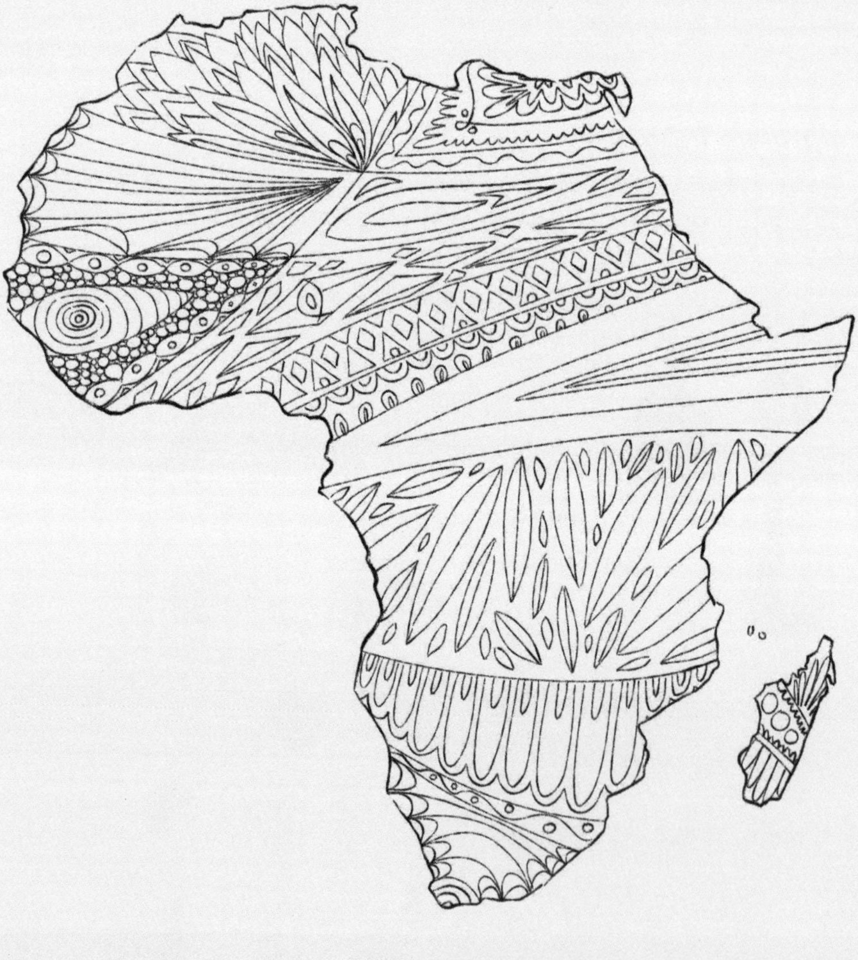

34
À partir
de 5 ans

Amuse-toi à La maison dans le désert

Matériel : un cerceau par personne, tes amis, ton enthousiasme

Connais-tu le jeu Jacques a dit ? Eh bien, voici la version africaine ! Fous rires et dépaysement garantis !

- Chacun a un cerceau qui représente sa maison.
- Vous devez imiter la consigne que tu dicteras : « On marche dans le désert (marchez tranquillement). On a très soif (sortez la langue). Il fait très chaud (passez votre main sur votre front)», etc.
- Lorsque vous direz « tempête de sable », tout le monde doit changer de cerceau !

35
À partir
de 7 ans

Amuse-toi à jouer dans un jardin africain

Matériel : une encyclopédie des plantes exotiques, tes amis

Voilà un jeu qui stimule la mémoire et qui resserre les liens entre amis !

- Asseyez-vous en cercle, toi et tes amis et répétez : « Dans mon petit jardin africain, je plante des... » (papayes, par exemple).
- Ensuite, poursuivez la séquence en ajoutant d'autres fruits et légumes. Mais attention ! Vous devez répéter tous les autres avant (exemple : dans mon petit jardin, je plante des radis, des carottes, etc.) et ainsi de suite.

36
À partir
de 6 ans

Initie-toi au jeu Awélé le jeu d'échecs africain

Matériel : un plateau Awélé de 12 trous, 48 graines, 2 joueurs, des amis, la famille

L'Awélé ou awalé est un jeu de société combinatoire abstrait. Il faut « compter et capturer » des cailloux, graines ou coquillages dans des coupelles ou des trous. C'est un jeu de stratégie et de patience, idéal pour s'éloigner des petits soucis du quotidien !

- Au départ, on répartit 48 graines dans les 12 trous à raison de 4 graines par trou.
- Les joueurs, face à face, ont une rangée devant eux. Cette rangée représente le camp du joueur. On choisit un sens de rotation qui sera le même tout au long de la partie.
- Un tour se joue de la façon suivante : le premier joueur prend toutes les graines d'un des trous de son camp puis il les égraine dans toutes les cases qui suivent sur sa rangée puis sur celles de son adversaire, suivant le sens de rotation (une graine dans chaque trou **après** celui où il a récupéré les graines).

Si sa dernière graine tombe dans un trou du camp adverse et qu'il y a maintenant 2 ou 3 graines dans ce trou, le joueur récupère ces 2 ou 3 graines et les met de côté. Ensuite, il regarde la case précédente : si elle est dans le camp adverse et contient 2 ou 3 graines, il récupère ces graines, et ainsi de suite jusqu'à ce qu'il arrive à son camp ou jusqu'à ce qu'il y ait un nombre de graines différent de 2 ou 3.

- Le but du jeu est d'avoir récupéré le plus de graines à la fin de la partie.
- On ne saute pas de case lorsqu'on égraine sauf lorsqu'on a 12 graines ou plus, c'est-à-dire qu'on fait un tour complet. Dans ce cas, on ne remplit pas la case dans laquelle on vient de prendre les graines.
- Il faut « nourrir » l'adversaire, c'est-à-dire que, quand celui-ci n'a plus de graine, il faut absolument jouer un coup qui lui permette de rejouer ensuite. Si ce n'est pas possible, la partie s'arrête et le joueur qui allait jouer capture les graines restantes.
- Si un coup devait prendre toutes les graines adverses, alors le coup peut être joué, mais aucune capture n'est faite : il ne faut pas « affamer » l'adversaire.
- La partie s'arrête quand un des joueurs a capturé au moins 25 graines, soit plus de la moitié ou qu'il ne reste que 6 graines en jeu.

37
À partir de 6 ans

Recette du pain de maïs

Matériel : il faut prévoir 225 g de farine de maïs, 225 g de farine de blé, 15 g de levure chimique, 4 cuillères à café de sucre, 35 cl de lait, 2 œufs, 30 g de beurre, 1 cuillère à café de sel

Le pain est l'aliment de base traditionnel dans la culture africaine. Te souviens-tu du passage où nos deux héroïnes le dégustent pour reprendre des forces ? Il procure énergie et réconfort. À ton tour, apprends à le cuisiner. C'est un excellent exercice de concentration et tes proches seront ravis de le goûter avec toi !

- Demande à un adulte de préchauffer le four th. 5 (150 °C).
- Mélange les farines, le sucre, la levure et le sel. Demande à un adulte de fondre le beurre à feu doux. Réserve.
- Bats les œufs à la fourchette dans un bol. Ajoute-les, avec le beurre fondu et le lait, aux farines. Mélange bien. Ajoute une pincée de sel.
- Beurre un moule carré ou rectangulaire. Verses-y la préparation.
- Fais cuire pendant 25 minutes. Vérifie la cuisson à l'aide d'un couteau.
- Démoule. Laisse refroidir avant de servir ou de découper.

38
À partir de 6 ans

Une famille de conteurs

Matériel : ton imagination, ton sens de l'observation

Le conte fait grandir ! Et raconter des histoires nous ramène à nos origines. Dans ce jeu, vous allez faire comme nos ancêtres qui se réunissaient à la pleine Lune autour du feu pour revivre des faits palpitants en inventant des histoires en famille. Un petit secret : inspirez-vous de la nature autour de vous !

- Décidez qui va commencer le conte. Une technique infaillible : c'est le benjamin qui commence. Lorsque ce dernier a fini, il donne la parole à la personne de son choix dans l'assemblée. Pour conserver un bon rythme, vous pouvez décider que chacun garde la parole deux minutes pas plus.
- « Il était une fois... un vieil homme qui habitait tout au sommet d'une montagne. Personne ne connaissait son âge ni depuis quand il vivait là-haut. Il était tellement vieux que l'on ne voyait plus ses yeux. Seuls deux petits plis faisaient office d'yeux... », etc. « Il ne bougeait jamais de son figuier... »
- Pour avoir un repère, vous pouvez choisir que chaque conteur s'arrête sur un élément de paysage. Ici c'est le figuier... « C'est ainsi que son petit-fils, épuisé par le voyage, se laissa endormir sous un tamarinier... », ainsi de suite...
- Impossible de savoir où vous mènera votre imagination collective. Lorsque l'histoire arrive à sa fin naturelle, le dernier conclut avec une phrase rituelle : « Et c'est depuis ce jour que les hommes demandent au chien de garder les portes de leur maison. »

39
À partir de 8 ans

Redonne à Elikia ce qui lui appartient

Matériel : un stylo, ton sens de l'observation

Apprends à ne pas tout mélanger. Je te propose de redonner à Elikia ce qui lui appartient, rien qu'à elle ! Et puis retrouve ce qui t'appartient et qui ne peut pas servir à Elikia dans son pays.

40
À partir de 8 ans

Ayo ! Ayo! Chanson de geste africaine

Pour finir en musique, voici une petite chanson de geste ivoirienne avec onomatopées. Tu peux retrouver la musique sur YouTube® et t'amuser à la fredonner en karaoké :

Dja massé dja
Essé éssé ougna
Ako kissélé Edo kélédjé
Eh ina baïko
Eh djéssigna kognan
Elé zokoko Kokoka koloubé
Koloubé kognan
Egnan lokoto
Lokoto lécongo
Aloussa kao kao
Ayo ayo

Trucs et astuces pour un quotidien joyeux

Conseils pour les petits sages en herbe

Faire face aux inquiétudes

Si tu as peur avant un événement important, fabrique ta propre formule magique. Écris des phrases qui te donnent de l'énergie, un peu comme *Hakuna Matata,* sur un petit bout de papier. Ensuite, mets-le dans ta poche. Sors-le et prononce ta formule magique ou murmure-la dès que le besoin s'en fait sentir. N'oublie pas, elle donne force et bravoure !

Si tu as tendance à te dévaloriser, prends ton carnet. Commence par identifier les traits de ta personnalité. Réfléchis et note ce qui semble être des faiblesses chez toi, puis passe à tes forces. Pense à des situations où tu as réagi d'une certaine manière. Fais cette activité régulièrement, tu verras, elle te permettra de voir tes bons côtés.

Si tu te sens un peu fragile, pas très en forme, si tu ne veux pas sortir, prends un petit moment pour te ressourcer afin d'aller mieux. Visite ton « lieu refuge » (voir activité 20, p. 46). Ferme les yeux, respire profondément et imagine que tu es dans ton refuge. Il ne peut rien t'arriver, tu t'y sens bien. La bonne énergie va peu à peu revenir.

Calmer les colères et les désaccords

Te voilà bien énervé(e) par tes parents qui décidément ne te comprennent pas vraiment, ta maîtresse qui t'a puni(e) injustement, la voisine qui t'a grondé(e) car elle croit que c'est toi qui as claqué la porte de l'ascenseur. **Bref tu es en colère à cause de ton entourage.** Arrête-toi un petit peu. Pour retrouver un calme intérieur, connecte-toi à l'esprit de la terre. Pas besoin d'aller très loin, tu peux marcher dans un square de ton quartier. Passer du temps dans la nature te permettra de l'entendre et ainsi d'écouter et de mieux accueillir les autres. En faisant cela régulièrement, tu te branches ainsi aux forces naturelles et te relies à tous leurs esprits bénéfiques. Pour retrouver un vrai calme intérieur, tu peux aussi approcher un arbre, l'embrasser, lui parler (voir activité 5, p. 38).

◯ **Tu viens de te disputer avec ta petite sœur. Tes parents t'ont refusé une sortie ce soir, bref, te voilà contrarié(e) par les décisions de ton entourage.** Arrête-toi un moment et écoute les messages de ton corps. Que ressens-tu en réalité ? Es-tu en mesure de reconnaître que « ce n'est pas facile de ne pas être d'accord, mais que c'est juste ? » Que tes parents ont raison de te poser un cadre et que tu dois les écouter et leur faire confiance ? Si oui, commence à apaiser ton cœur, respire par le ventre profondément, ressens une vague de calme, une paix intérieure, que tu peux te susurrer avec des mots.

◯ **Lorsque tu débordes d'énergie, que tu ne tiens plus en place, que tu es agité(e), excité(e) tu as envie de faire mille une chose... stop !** Fais une activité qui va réguler tes émotions : colorie ou dessine. Il te faut juste des crayons de couleurs. Colorier, c'est un acte gratuit, qui n'a pas d'autre finalité que l'instant passé à l'accomplir. C'est gratifiant et cela permet de libérer toutes tes émotions et ta créativité (voir activité 33, p. 54) !

Dépasser la peur de l'échec

◯ **Si tu as peur de l'échec, si tu doutes souvent de toi ou fais preuve de peu d'audace par crainte d'être jugé(e),** pose-toi un moment et énumère tes qualités et tous tes succès. Tu as des talents et des dons dans certains domaines. Regarde-les comme des hauts faits et tu verras que tu n'es pas du tout nul(le).

◯ **Pour te donner du courage, puise ta force de l'énergie du Soleil avec une séance de danse.** Place un cerceau devant toi, visualise-le comme l'astre Soleil considéré comme l'époux de la Lune et l'œil de Dieu, crée un pas de danse et imite-le qui rayonne et qui brille.

◯ **Si tu ne te sens pas bien, pas dans ton assiette, un peu mélancolique ou même chafouin sans savoir pourquoi,** booste-toi en écoutant les chanteurs que tu aimes et chante en même temps que ces derniers. Chanter motive et fait partir les nuages qui assombrissent ton moral. C'est ainsi qu'opère la magie du chant.

Voir le verre à moitié plein pour créer du bonheur

◯ **Tu as tendance à voir tout en noir, tu es pessimiste.** Un conseil, sois du bon côté des choses, sois gentil(le) avec toi, cultive la gratitude au quotidien. Prends conscience des dons, aussi minuscules soient-ils, que tu reçois.

La porte que l'on t'a tenue, le sourire que la boulangère t'a adressé, le repas ou le goûter que tu as partagé avec tes amis... Observe toutes ces petites choses qui adoucissent et embellissent tes journées et celles de ceux qui t'entourent.

○ **À te comparer aux autres, tu finis par ne jamais trouver grâce à tes yeux.** « Pourquoi je n'ai pas ses cheveux » ; « Si j'avais eu ceci, je serai cela », etc. Ou bien tu as l'habitude d'entendre les autres dire de toi que tu es lent(e) à l'école, faire des commentaires sur ton apparence. Désormais cela ne doit plus te blesser, accepte-toi tel(e) que tu es dans ta globalité, avec tes qualités et tes défauts. Tu peux répondre qu'il faut de tout pour faire un monde !

Pour les grands en quête de sagesse

Faire face aux inquiétudes

○ **Apprenez à vos enfants à avoir une vie intérieure riche.** La connaissance n'est pas seulement la connaissance du monde extérieur, du concret, du palpable, du visible. Il faut aussi expérimenter le monde intérieur : l'intérieur de l'être, le monde de l'invisible. C'est le commencement de la personnalité.

○ **Pratiquez l'Ubuntu :** c'est la reconnaissance de la gentillesse comme sentiment suprême. C'est une qualité essentielle qui n'est pas toujours reconnue à sa juste valeur. C'est une incitation réciproque d'un partage qui construit mutuellement les êtres : « Je te donne la gentillesse car la joie et le bonheur qu'ils te procurent me reviendront puisque nous sommes liés. » En clair, notre humanité est inextricablement liée à celle de l'autre. Elle s'oppose au narcissisme et à l'individualisme.

Calmer les colères et les désaccords

○ **Si vous êtes en colère contre votre enfant,** faites une petite pause pour vous calmer avant de faire gronder l'orage. Prenez une série de bonnes respirations profondes, allez faire un tour dans un parc ou au square si vous en avez un pas loin de la maison, buvez un verre d'eau. Tout ceci dégonfle la colère, vous fait retomber le diaphragme, la tension, et vous fait prendre du recul. Vous trouvez le bon ton pour aborder le différend et lui dire posément ce qui ne va pas.

Vous vous mettez en colère souvent pour un oui ou pour un non ? Instituez des séances de rire : on l'appelle le Yoga du rire (voir activité 23, p. 48). Pendant 5 minutes par jour, le matin ou le soir, sortez vos petits tapis, faites des grimaces et riez comme des baleines ! Le rire est la porte d'entrée joyeuse vers toutes nos émotions et donc vers le maintien de notre santé ! Le rire améliore absolument toutes les fonctions de notre corps. Il constitue donc le meilleur médicament du monde : il est absolument gratuit et sans aucun effet secondaire !

Dépasser la peur de l'échec

Pour vous défaire totalement de toutes les peurs, apprenez le lâcher-prise. C'est ce que certains peuples d'Afrique appellent « le consentement à la vie » ! Pour s'adapter à l'inéluctable mouvement de la vie, mieux vaut se montrer simple et ouvert à ce qui arrive. Faites confiance aux forces qui nous dépassent : ce sont des chemins pour nous « centrer ». Pensez au rituel de la Plantation chez les Massaïs qui symbolise à la fois la cohésion de toute une génération et l'équilibre, la complétude et l'unité intérieure, ce qui est « au centre » (au niveau du cœur) de chaque initié. Planter son arbre, le soigner revient à accepter de faire avec ce qui nous échappe (le rythme de croissance, les aléas de la météo...) et qui ne dépend pas de nous.

Comment aidez votre enfant devant une difficulté, une souffrance ? Apprenez-lui l'acceptation. Ce que les Massaïs appellent « Accueillir la « souffrance-don. » Sans souffrance, pas d'éveil ! Tout est duel et l'on ne peut délier un problème qu'en le reconnaissant comme sien, puis en affrontant la difficulté pour le résoudre. Dans la pratique, visualisez d'abord vos émotions : ressentez-vous de la peur, de la colère, de l'abattement, l'envie de vous venger, de la tristesse ? Interrogez l'émotion qui apparaît. Adressez-vous à elle en lui parlant en amie : que voulez-vous dire ? Quelle est ma responsabilité ? Faut-il attendre, agir ? Dans quelle direction ? Notez toutes les réponses qui vous viennent, spontanément, sans les juger ni les rejeter. Cela soulage énormément.

Si vous vous voulez éviter de ruminer et de ressasser les choses, devenez un planteur comme mère-tortue dans le conte. Rappelez-vous : être planteur signifie se mettre en phase avec le moment présent, s'adapter et se maintenir dans un état entre vigilance et confiance, volonté et humilité. Cette souplesse d'esprit est source de sérénité, de patience, et met à l'abri de la colère et de la déception. Lorsque vous plantez un arbre et en prenez soin, cela vous incite à penser au moment présent et à vous recentrer sur l'ici et le maintenant.

À lire et à faire en famille

COURS DE DANSE AFRICAINE

Plus qu'une activité physique ou une danse exotique, les cours de danse africaine vous apprendront à créer un équilibre entre l'âme et le corps, et une harmonie entre l'individu et le groupe, vous offrant une expérience humaine et un bien-être constant.

- Ateliers et séances découvertes, Centre Anima - 31, rue de Maubeuge, 75009 Paris
- Centre Dooplé à Paris : stages de danse africaine avec un chorégraphe de danse africaine de renommée internationale, Alphonse Tierou 9, allée des Vergers - 75012 Paris
- Centre Momboye Fondé par le chorégraphe Georges Momboye et Muriel Adolphe en 1998 35, rue Boyer, 75020 Paris. http://www.centre-momboye.com/ Formation professionnelle danse africaine et afro-contemporaine : momboye@wanadoo.fr 25 rue Boyer – 75020 Paris, 01 43 58 85 01

ÉDITEURS ET LIBRAIRIES

- Présence africaine : maison d'édition et revue culturelle du monde Noir. Librairie, 25 bis, rue des Écoles, 75005 Paris
- La librairie du musée Jacques Chirac. Le musée du Quai Branly abrite l'un des plus importants fonds d'arts africains au monde, avec près de 70 000 objets en provenance du Maghreb, d'Afrique subsaharienne et de Madagascar. 37, quai Branly, 75007 Paris
- La Maison de l'Afrique | Agence de Promotion, Paris : https://www.lamaisondelafrique.com

À LIRE

- Amadou Hampâté Bâ, *Le Sage de Bandiagara*, Éditions du Seuil, 1957
- Amadou Hampâté Bâ, *Vie et enseignement de Tierno Bokar*, Collection Points Seuil, 1980
- Amadou Hamapâté Ba Amkoulel, *L'enfant peul*, Éditions du Seuil, 2000
- Muriel Bloch, *365 contes pour tous les âges* Album, 1995
- Barnabé Laye, Liliane Prévost, *Guide de la sagesse africaine*, L'Harmattan, 1999
- Xavier Péron, *Les quatre cercles du bonheur massaï*, Éditions Jouvence, 2015
- Xavier Péron, *Les neuf leçons du guerrier massaï*, Éditions Jouvence, 2013
- Sobonfu Somé, *Vivre l'intimité : la sagesse de l'Afrique au service de nos relations*, Éditions Jouvence, 2001
- Martin Steffens, *Petit traité de la joie*, Forum Salvador, 2011

À VOIR

- ***Le Roi lion*** (*The Lion King*) est un film américain réalisé par Jon Favreau, sorti en 2019. Il s'agit d'une nouvelle version du film d'animation *Le Roi lion*, sorti en 1994.
- ***Kirikou et la Sorcière*** est un long-métrage d'animation franco-belgo-luxembourgeois réalisé par Michel Ocelot et sorti en 1998. Adapté d'un conte africain. *Kirikou et la Sorcière* a été suivi d'un deuxième film, ***Kirikou et les Bêtes sauvages***, sorti en 2005, qui raconte d'autres aventures de Kirikou prenant place pendant les événements du premier film, puis d'un troisième film sur le même principe, ***Kirikou et les Hommes et les Femmes***, fin 2012.

Dans la même collection

Pour plus de conseils et d'astuces, rendez-vous sur :

PARENTIPS

Développement de l'enfant, scolarité, vie quotidienne ou activités ; retrouvez de nombreux contenus d'experts pour les enfants de 0 à 14 ans.

www.parentips.fr

© Hatier - 8, rue d'Assas 75006 Paris
ISBN : 978-2-401-03499-0

Achevé d'imprimer par l'Imprimerie de Champagne à Langres - France
Dépôt légal : 03499-0/01 – Janvier 2020

PAPIER À BASE DE FIBRES CERTIFIÉES

Hatier s'engage pour l'environnement en réduisant l'empreinte carbone de ses livres. Celle de cet exemplaire est de : 350 g éq. CO_2
Rendez-vous sur www.hatier-durable.fr

IMPRIM'VERT
Votre imprimeur agit pour l'environnement